強豪校が実践する必勝法を伝授

ソフトテニス
基本と勝てる戦術

野口英一 監修

ナツメ社

はじめに

ソフトテニスを好きになりましょう！

　これからソフトテニスに挑戦してみたい、もっと上手になりたいと思っているみなさんに、私からお願いしたいことが3つあります。

　1つ目は、**ソフトテニスを好きになる**です。スポーツは楽しくなければ練習しませんね。まずは、ソフトテニスの楽しさを知ることです。そのためには、上手な人の試合を見て、感動することが大切です。先輩の試合を応援して、自分も先輩のようになりたいと思うこともその1つ。レベルの高い試合を観戦するのもいいですね。

　2つ目は、**その感動を持続させ、ひたむきに練習する**です。ソフトテニスはすぐには上達しません。ラケットにボールが当たるようになるのに時間がかかります。そこで大切なことは、あきらめずに練習を続けることです。そうして基本を身につけることができれば、その後は急速に上達していきます。

　3つ目は、**ソフトテニスを通して人間性を高めてほしい**です。ソフトテニスの基本は、ダブルスです。2人で心を1つに試合に臨み、協力しあって戦います。優しさや思いやりが勝負に影響するのです。強いチームは2人の心の絆がしっかりしています。

　本書を参考にしながら、基本をマスターし、心を育て、ソフトテニスが好きな選手になってください。最後に3つの言葉を贈ります。

心が技術を超える
ひたむきに努力し続ける心は、技術に勝るプレーにつながります。

誰からも応援される選手
誰にでも認めてもらえるくらいの努力が、精神の安定をもたらします。

勝つことよりも大切なことがある
勝つことよりも努力することが大切だとわかれば、自分から取り組めるようになり、上達が早くなります。

　　　　　　　　　　　野口 英一

本書の使い方

本書は、初心者の人が中級者へと成長する過程でも役立つのはもちろん、ダブルスの駆け引きや、前衛の動きなど実戦的かつ応用的な内容も解説しています。各章は次のような構成になっています。

Lv.1 ▶ 4　ソフトテニスの基本技術を紹介

基本的な身体の使い方や各ショットの技術のコツをつかもう

- 苦手克服のコツも紹介！
- どこで使うショットなのかすぐにわかる
- 難しい言葉は使わない！わかりやすい解説

その他、上達するコツを多数掲載！

Lv.5 ▶ 6　技術強化と、試合に勝つための戦術を紹介

ダブルス強化にも役立つシングルスの技術と、ゲームの戦い方を知ろう

ゲーム展開の考え方、自分たちの強みを生かす戦術など、練習の目標になるようなポイントを解説！

練習メニューも豊富に紹介

基礎づくりのための練習から、実践に生きる効果的な練習まで！

※本書は右利きのプレーヤーを想定して記述しています。

Contents

はじめに ……………………………………………………………………… 2
本書の使い方 ………………………………………………………………… 3

Lv.1 ▶ ソフトテニスの始め方

- 歴史とコートの基礎知識 ………………………………………………… 10
- ラケット・ボール・ユニフォーム ……………………………………… 12
- グリップの握り方 ………………………………………………………… 14
- グリップの種類と使い分け ……………………………………………… 16
- 待球姿勢 …………………………………………………………………… 18
- スタンスの使い分け ……………………………………………………… 20
- フットワーク❶ スプリットステップ ………………………………… 22
- フットワーク❷ 回り込みのフットワーク …………………………… 24

フットワーク上達トレーニング
- Menu.01 細かいフットワーク ………………………………………… 26
- Menu.02 10.97mもも上げ走 …………………………………………… 26
- Menu.03 ラケットを持って10.97m走 ………………………………… 27

Column 実力を高めるためのソフトテニス語録① ……………………… 28

Lv.2 ▶ グラウンドストロークの基本

- グラウンドストローク入門❶ 基本的な打ち方 ……………………… 30
- グラウンドストローク入門❷ 深いボールと短いボール …………… 32
- グラウンドストローク入門❸ コース、球種、打点 ………………… 34
- グラウンドストロークの基礎練習 ……………………………………… 36
- サイドストローク フォアハンド ……………………………………… 38
- アンダーストローク フォアハンド …………………………………… 40
- トップストローク フォアハンド ……………………………………… 42
- ライジング フォアハンド ……………………………………………… 44
- バックハンドストローク ………………………………………………… 46

- バックハンドストロークの基礎練習 ……………………… 48
- ロビング フォアハンド ……………………………………… 50
- 中ロブ フォアハンド ………………………………………… 52
- カットストローク(攻め) フォアハンド ………………… 54
- カットストローク(守り) フォアハンド ………………… 56
- ランニングショット フォアハンド ……………………… 58

文大杉並流!ストローク練習

- **Menu.01** ハンドストロークでカベ打ち① ……………………… 60
- **Menu.02** ハンドストロークでカベ打ち② ……………………… 61
- **Menu.03** 手投げ、少し動いて1本打ち ………………………… 62
- **Menu.04** 上げボール1本打ち …………………………………… 63
- **Menu.05** ランニングショット …………………………………… 64
- **Menu.06** フォア&バック連続打ち ……………………………… 65
- **Menu.07** 3本打ち …………………………………………………… 66
- **Menu.08** 10本打ち …………………………………………………… 67
- **Menu.09** 前後のボールの連続打ち ……………………………… 68
- **Menu.10** 打ち分け(2対1) ……………………………………… 69
- **Menu.11** 打ち分け(3対1) ……………………………………… 70
- **Menu.12** 左右打ち(シングルス対応) ………………………… 71
- **Menu.13-1** 10人ストローク ……………………………………… 72
- **Menu.13-2** 10人ストローク(変形バージョン) ……………… 73

コーディネーショントレーニング❶

- **Menu.01** ラケット2本でお手玉 ………………………………… 74
- **Menu.02** ラケットを左右に持ち替えてお手玉 ……………… 75

Column 実力を高めるためのソフトテニス語録② ……………… 76

Lv.3 ▶ ボレー&スマッシュを決める

- 正面ボレー …………………………………………………… 78
- フォアボレー ………………………………………………… 80
- バックボレー ………………………………………………… 82
- ポーチボレー フォアハンド ……………………………… 84

- ポーチボレー バックハンド ……………………………………… 86
- ディフェンスボレー ……………………………………………… 88
- ローボレー フォアハンド ………………………………………… 90
- ローボレー バックハンド ………………………………………… 92
- ハイボレー フォアハンド ………………………………………… 94
- ハイボレー バックハンド ………………………………………… 96
- ヒッティングボレー ……………………………………………… 98
- スマッシュの打点 ………………………………………………… 100
- スマッシュのフットワーク ……………………………………… 102
- 回り込みのスマッシュ …………………………………………… 104
- ジャンピングスマッシュ ………………………………………… 106
- 前進スマッシュ …………………………………………………… 108

文大杉並流！ボレー＆スマッシュ練習
- Menu.01 ラケット面合わせ ……………………………………… 110
- Menu.02 6コースボレー ………………………………………… 111
- Menu.03 移動ボレー＆スマッシュ ……………………………… 112
- Menu.04 10本連続打ち ………………………………………… 113
- Menu.05 8本打ち ………………………………………………… 114
- Menu.06-1 30秒間ボレー① …………………………………… 115
- Menu.06-2 30秒間ボレー② …………………………………… 116
- Menu.06-3 30秒間ボレー③ …………………………………… 117
- Menu.06-4 30秒間ボレー④ …………………………………… 118
- Menu.07 30秒間ランダムボレー ……………………………… 119

コーディネーショントレーニング❷
- Menu.03 フレーム当て …………………………………………… 120
- Menu.04 リバウンド ……………………………………………… 121
- Menu.05 ボール2個でポンポン ………………………………… 121

Column 勝つための試合、負けるための試合とは？ ……………… 122

Lv.4 ▶ サービス＆レシーブでミスをしない

- オーバーヘッドサービスの流れ ………………………………… 124

- 正しいトスの上げ方 …… 126
- フラットサービス …… 128
- スライスサービス …… 130
- リバースサービス …… 132
- カットサービス（アンダーカット） …… 134
- ファーストサービスとセカンドサービスの違い …… 136

文大杉並流！サービス練習
- Menu.01 カベ打ち …… 138
- Menu.02 目標物をねらう …… 140
- Menu.03 距離を変えて打つ …… 141
- レシーブとストロークの違い 後衛編 …… 142
- レシーブとストロークの違い 前衛編 …… 144

文大杉並流！サービス&レシーブ練習
- Menu コースの打ち分け …… 146

サービスのフォローアップトレーニング
- Menu キャッチボール …… 148

Column 監督＆コーチのための指導のヒント①
「I must」ではなく、「I want」に …… 150

Lv.5 ▶ ダブルスにも役立つシングルスに挑戦！

- シングルスとダブルスの違い …… 152
- シングルスの攻めと守りの基本 …… 154

シングルスの必須ショット
- ①フォアハンドの広角打ち …… 156
- ②バックハンドの打ち分け …… 157
- ③アプローチショットからのヒッティングボレー …… 158
- ④短いボールを返球する …… 160
- ⑤スライスストローク …… 161

文大杉並流！シングルスの練習
- Menu ラケット3本分をねらう …… 162

Column 監督＆コーチのための指導のヒント②
男子と女子の指導の違い ……………………………………… 164

Lv.6 ▶ 試合に勝つための戦術&メンタル

- ダブルスの基本陣形 ……………………………………… 166
- 陣形の組み合わせ ………………………………………… 168
- サービスからの攻撃パターン …………………………… 170
- レシーブからの攻撃パターン …………………………… 172
- 後衛の役割の基本 ………………………………………… 174
- 攻撃のための後衛の配球 ………………………………… 176
- 後衛の攻めのポイント …………………………………… 178
- 前衛の役割の基本 ………………………………………… 180
- 前衛のポジション ………………………………………… 182
- 前衛の動きのポイント …………………………………… 184
- ソフトテニスのセオリー ………………………………… 186
- ゲームの戦い方のセオリー ……………………………… 190
- ミスをしないために ……………………………………… 192
- メンタルで負けないために ……………………………… 194
- 試合直前の準備について ………………………………… 196

フィジカルトレーニング（ラダー）
- **Menu.01** ラダートレーニング① ……………………… 198
- **Menu.02** ラダートレーニング② ……………………… 199

付録 ルールと用語

- 試合の流れ ………………………………………………… 200
- 審判の基本とサイン ……………………………………… 201
- 知っておきたいルール用語 ……………………………… 202
- ソフトテニスの基本用語 ………………………………… 204

Lv.1 ソフトテニスの始め方

ソフトテニスを好きになることが、うまくなるための基本です。グリップや待球姿勢、フットワークなど、ショットを打つ前の大事な基本動作と基礎知識を身につけることから始めましょう。

▶ **Lv.1 ソフトテニスの始め方**

ソフトテニスの基本を知る
歴史とコートの基礎知識

ソフトテニスを好きになることと自ら学ぼうとする姿勢が上達の近道。
まずは簡単な歴史やコートについて、基本的なことを知っておこう！

ソフトテニスは日本で生まれた

　日本では子どもからシニアまで、年齢を問わず幅広い世代に愛されているソフトテニス。現在、日本ソフトテニス連盟への登録者は約54万人とされ、中でも中学生は半数を占めています。
　ソフトテニスは、硬式テニスをベースにおよそ100年以上前、日本で始まったスポーツです。現在では、日本を初めとして東アジアや東南アジアを中心に、ヨーロッパやアメリカへも広がって世界中でプレーされています。
　以前は前衛と後衛に分かれて戦う2対2のダブルスがメインでしたが、ここ20年くらいで1対1のシングルスもさかんになってきました。これからソフトテニスを始めるみなさんには、ぜひダブルス、シングルス両方で役立つ技術を身につけてほしいと思います。

●テニスコートのラインの名称 ▶ コートの使い方を知る

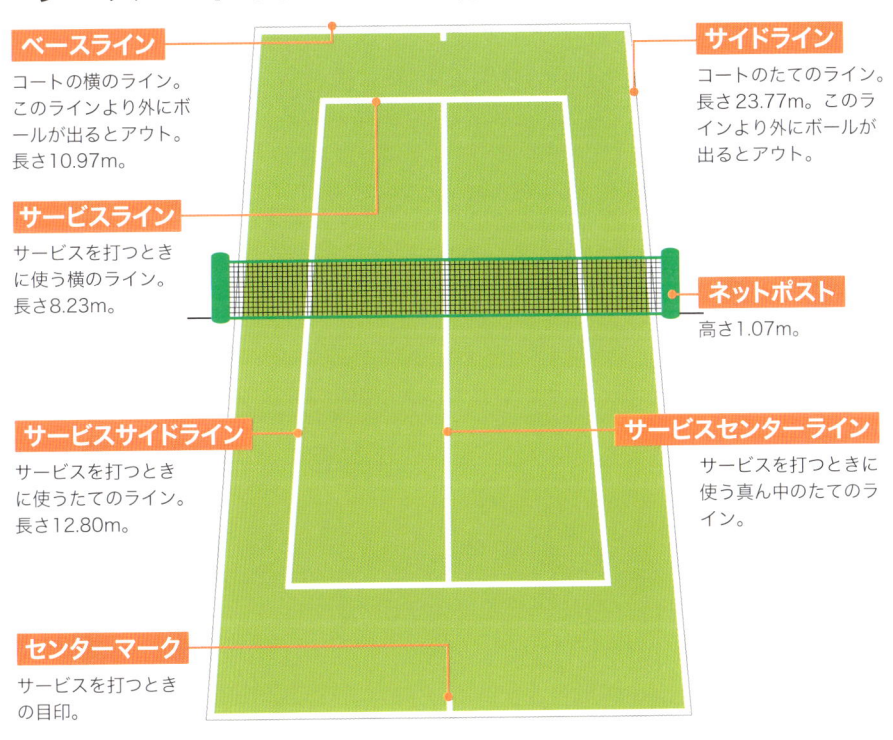

ベースライン
コートの横のライン。このラインより外にボールが出るとアウト。長さ10.97m。

サービスライン
サービスを打つときに使う横のライン。長さ8.23m。

サービスサイドライン
サービスを打つときに使うたてのライン。長さ12.80m。

センターマーク
サービスを打つときの目印。

サイドライン
コートのたてのライン。長さ23.77m。このラインより外にボールが出るとアウト。

ネットポスト
高さ1.07m。

サービスセンターライン
サービスを打つときに使う真ん中のたてのライン。

●テニスコートの種類 ▶ サーフェス(表面)ごとの特徴を知る

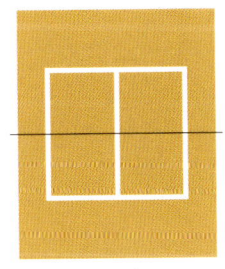

クレーコート
土のコート。ボールのスピードを生かしやすく、スピードボールが威力を発揮する。

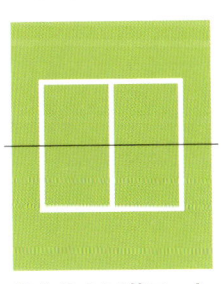

砂入り人工芝コート
砂が含まれた人工芝のコート。土のコートよりも、バウンド後のボールの勢いは少し落ちる。雨に強く、多少の雨でもプレーできる。

木板のコート(屋内)
フローリングのため、砂入り人工芝コート以上にバウンド後のボールの勢いが落ちやすく、ラリーが続きやすい。ボールの回転もかかりやすく、カットのサービスやストロークなどが有効。

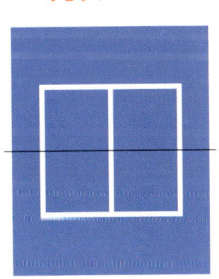

ハードコート
アスファルトやセメントの上に、クッション性のある樹脂をのせたコート。バウンド時にボールの勢いを吸収するため、木板コートと似た特徴を持つ。

▶ Lv.1 ソフトテニスの始め方

基本の道具を知る
ラケット・ボール・ユニフォーム

ソフトテニスに必要なのがラケット。その他、自分が使う道具、試合に出るときの服装のことも知っておこう。

●ラケットの各部の名称 ▶ ラケットの基礎知識を知る

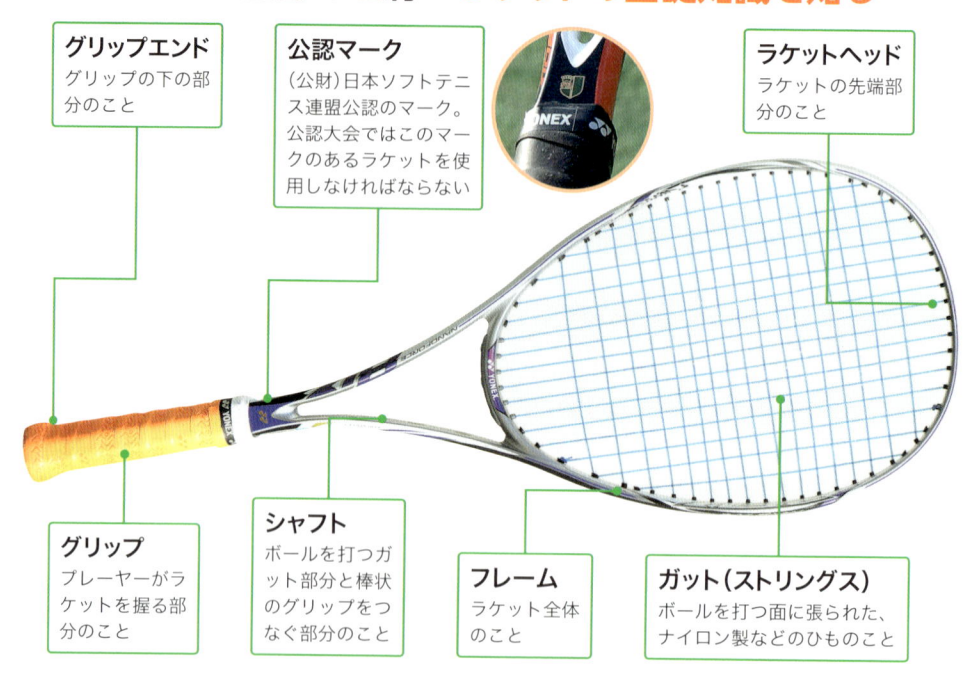

グリップエンド
グリップの下の部分のこと

公認マーク
(公財)日本ソフトテニス連盟公認のマーク。公認大会ではこのマークのあるラケットを使用しなければならない

ラケットヘッド
ラケットの先端部分のこと

グリップ
プレーヤーがラケットを握る部分のこと

シャフト
ボールを打つガット部分と棒状のグリップをつなぐ部分のこと

フレーム
ラケット全体のこと

ガット(ストリングス)
ボールを打つ面に張られた、ナイロン製などのひものこと

●1本シャフトと2本シャフト ▶ 初心者は2本シャフトがおすすめ

1本シャフト
2本シャフトよりも鋭く振ることができるのが1本シャフト。中・上級者になると、ストロークを打つ機会が多い後衛で、パワーのある選手は1本シャフトを選ぶこともある。

2本シャフト
ジュニア(小・中学生)選手や腕の力のない選手には、2本シャフトがおすすめ。中・上級者になると、前衛は、後衛よりも相手に近い位置でボールに対応するので、ボールの勢いに負けない2本シャフトを選ぶことが多い。

12

● ボール ▶ ボールが最適な状態を知る

ゴム製のボールに空気を入れて使用。直径6.6cm、重さは30～31g。

バウンドの高さ
1.5mの高さから落として、70～80cmバウンドすることが原則。

● ユニフォーム ▶ 試合のときのルールを知る

夏場は、暑さに体力を奪われないよう、帽子やサンバイザーをかぶろう

原則として、試合のとき、上はえり付き半そでシャツ、下はひざより上のパンツ、女子はスコートなども着用する。くつ下についてはハイソックスはNG。現在、小・中学生はアンダーシャツやスパッツの着用は認められていない。

● シューズ ▶ 使い分ける

プレー用シューズの例

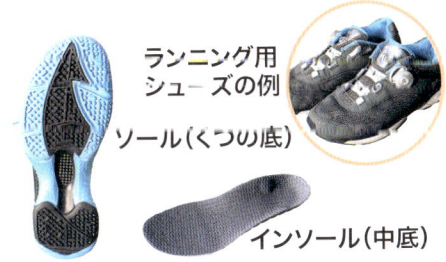

ランニング用シューズの例

ソール（くつの底）

インソール（中底）

シューズにはそれぞれ特性があるため、コートでプレーをする場合と、トレーニングをする場合とで、シューズをはき替えよう。試合前、練習前などのプレー前には、シューズのひもをしっかり結び直すのを忘れないこと。

▶ **Lv.1 ソフトテニスの始め方**

グリップの握り方
まずはウエスタングリップをマスターしよう

ウエスタングリップの握り方

❶ シャフトを持つ
左手でラケットのシャフトの部分を握る。

❷ ガットに手をそえる
右手の手のひらを、ラケットのガットの部分に置く。

ウエスタングリップ
初めのうちはボールを打つたびにグリップがズレることもある。慣れるまでは1回打つごとにグリップの握り方をチェックするようにしよう。

やりがちなミス & 対処のコツ

5本の指すべてで握らない！

様々なプレーに対応できないので注意！

ラケットをしっかり操作して思いどおりのところへボールを打っていくためには、正しいラケットの持ち方を身につける必要があります。

グリップの握り方はいろいろとありますが、初心者の段階ではほとんどのプレーを、最も一般的な握り方であるウエスタングリップで対応します。

ウエスタングリップは、ストローク、ボレー、サービスなど幅広いショットが打てる握り方です。

③ グリップへ移動

❷の状態から、右手の手のひらをグリップのほうへ移動させる。

④ グリップを握る

右手でグリップを握る。

ハンマーを握るように5本指すべてで握ると、腕全体に力が入り、ラケット操作がうまくいかない。このハンマーグリップになっている場合、なるべく早い段階で直したい。

小指、薬指、中指の3本でグリップを握り、残りの2本の指は軽くそえる

▶ リラックスした状態で打てるので、ラケット操作がスムーズになる。

小指が外れないよう、手首の付け根はグリップエンド(先端)の位置に！

⑤ ラケットを下げる

ラケット面を地面に対して平行に向ける。

▶ Lv.1 ソフトテニスの始め方

グリップの種類と使い分け
各プレーに適したグリップの握り方を知ろう

● グリップの種類 ▶ 握り方と特長を知る

ウエスタン

ラケット面が下を向く

握り方：利き手の手のひらをガットの部分に置き、グリップのほうへ移動させてグリップを握る。
特長：ラケット面を正しくつくれ、安定したボールが打てる。また、高い打点で攻撃的なボールが打てる。

— 適したプレー —
ストローク、サービス、ボレー、スマッシュと、すべてのプレーに対応しやすい。

イースタン

ラケット面が真横を向く

握り方：地面に対して９０度（垂直）に握る。包丁握りともいわれる。
特長：短いボールや、バウンドの低いボールにラケット面を出しやすい。また、ボールに回転をつけやすい。

— 適したプレー —
スライスサービス、カットサービス、フォローなど、手首を使うプレーに対応しやすい。

初心者の場合はウエスタングリップですべてのプレーに対応していきますが、上達してきたら、より効果的に打ち分けられるよう、プレーによって適したグリップに持ち替えてみましょう。

ソフトテニスのグリップの握り方には「ウエスタングリップ」「イースタングリップ」「セミイースタングリップ」の3つがあります。

ストローク、サービス、ボレーなどに適したそれぞれのグリップの握り方の違いを知りましょう。

セミイースタン

ラケット面が左斜め下を向く

握り方：ウエスタングリップとイースタングリップの中間を握る。
特長：低い打点でボールに回転をかけやすく、引っ張りのコース（→34ページ）を打ちやすい。

適したプレー
スマッシュ、スライスサービスなど、頭上にボールがきたときに対応しやすい。

アドバイス！
ラケットの手入れも大切

ガットの網目のズレを指で直す

ガットの張りがゆるんでいないか手のひらで確認

ラケットの状態がよくなければ、思いどおりのボールは打てない。常にラケットの状態をベストにできるよう、日頃から手入れをしっかりやろう。

雨でぬれたらすぐにふく！

ラケットが少しでもぬれたら、すぐにタオルでふくようにしよう。特にガットは水に弱く、雨のときにプレーするとガットが傷みやすいので注意。

待球姿勢

正しい構えを素早くできるようになろう

● ストロークを打つとき ▶ パワーポジションのツボを押さえる

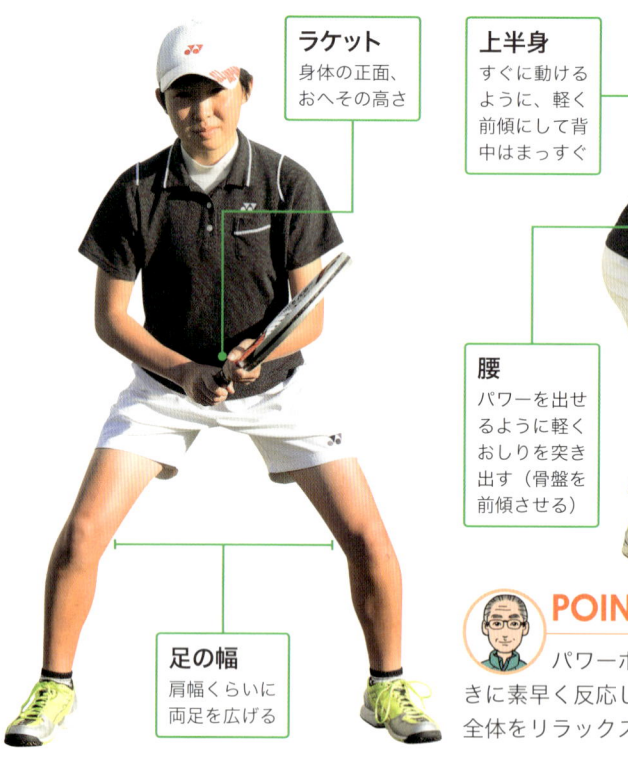

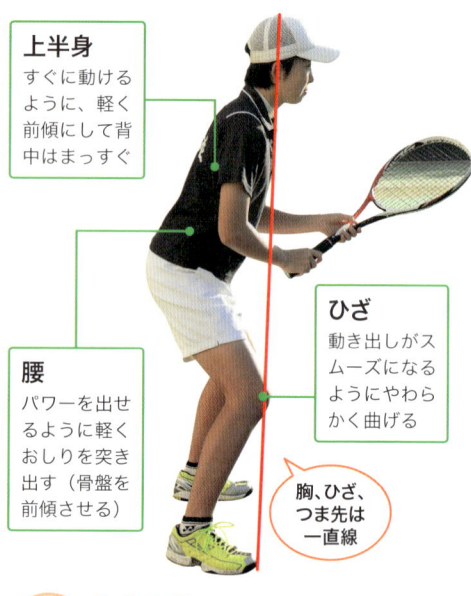

ラケット
身体の正面、おへその高さ

上半身
すぐに動けるように、軽く前傾にして背中はまっすぐ

ひざ
動き出しがスムーズになるようにやわらかく曲げる

腰
パワーを出せるように軽くおしりを突き出す（骨盤を前傾させる）

足の幅
肩幅くらいに両足を広げる

胸、ひざ、つま先は一直線

POINT
パワーポジションでは、ボールの動きに素早く反応して動き出せるように、身体全体をリラックスさせることが一番重要です。

やりがちな ミス & 対処のコツ

内また
足を開きすぎ

ひざが伸び、突っ立っている
前傾しすぎ
曲がりすぎてもNG

いずれも、次の動きへ移るのに時間がかかってしまう。特に、上体が前傾しすぎると、ボールや相手コートが見えづらくなり、さらに全身のバランスも悪くなる。

背中をまっすぐにする
▶ 全身のバランスがよくなる。

ボールを打つ前の基本の構えを待球姿勢といいます。ストロークを打つときや、ボレーを打つためネットについているときなどに、素早く待球姿勢をとることが大切です。準備が遅れると不十分な体勢で打つことになり、ミスが生じやすくなります。

正しい待球姿勢は、最も効率よく力を発揮しやすい「パワーポジション」といわれる状態です。リラックスした状態で待球姿勢をとり、相手のボールに素早く対応していきます。

●ネットについたとき ▶ ラケットの位置を意識

ラケットはネットより上に

ラケット2本分の距離で構える

全身の力を抜き、背筋を伸ばして、ひざを少しだけ曲げた状態で立つ。ベースライン上でボールを打つ場合と違って、ネット前でボレーするときは相手からの返球時間が短いため、ラケットは常にネットより上の高さになるように構える。

レベルアップのコツ
撮影してチェック！

待球姿勢など、フォームを撮影して確認する際のお役立ちグッズとして大活躍しているのが、iPadなどのタブレットＰＣ。プレー直後にチェックできるため、修正すべき点をすぐに理解することができる。

やりがちなミス

右の2つの例はいずれも、ボールを打つときにラケットをネットより上に上げるムダな動作が生まれ、ミスにつながる。

前傾しすぎ

ひざを曲げすぎ

肩に力を入れすぎ
肩に力を入れすぎると様々なボールに瞬時に対応できない。全身のムダな力を抜いた状態でいることが大切。

▶ Lv.1 ソフトテニスの始め方

スタンスの使い分け
打ちたい方向によってスタンスを変えよう

● 平行スタンス ▶ 様々な方向に打てる基本スタンス

軸足、踏み込み足を平行にする

4 打ち返す　**3** 平行スタンス　**2** 移動　**1** 待球姿勢

打球方向と踏み込む足の方向が同じ向きになる、基本のスタンス。体重を乗せて打ちやすく、身体の力がボールに伝わりやすい。ひざから腰の間の高さでボールを打つサイドストロークのときに適している。

知っておこう 軸足と踏み込み足

相手のボールを打ち返すときに軸足と踏み込み足が決まる。軸足は、自分の身体を軸のように支えるほうの足。一方、踏み込み足は、ボールを打つときに踏み込むほうの足。ボールを打つとき、左右の足の間で体重を移動するのがポイントになるので覚えておこう。

軸足

踏み込み足

相手の打球や、打ちたいコースによって使い分けていくのがスタンスです。具体的には、ボールを打つときに、その方向へ踏み込んだときの足の向き（両足の位置）のことです。

基本として、打ちたい方向によってスタンスは変わります。

それぞれのスタンスの違いや特長を知って、ミスのないボールを打てるようになりましょう。

●クローズドスタンス ▶ 身体の内側の方向へ打ちやすくなる

軸足を決め、踏み込み足を右斜め前へ

3 クローズドスタンス　**2** 移動　**1** 待球姿勢

軸足よりも、踏み込み足が進む方向に出るスタンス。自分のフォア側にきたボールを身体の内側方向へ引っ張るときや、低いボールのときに打ちやすくなる。ボールを外側から打つので、身体より前の位置でボールを打つ。

●オープンスタンス ▶ 身体の正面方向に打ちやすい

軸足を決め、身体を開くように踏み込み足を移動

3 オープンスタンス　**2** 移動　**1** 待球姿勢

腰をひねって打つスタンス。流しコース（→34ページ）や、自分のバック側にきたボールを回り込んで打つときに打ちやすくなる。広い角度に打ちやすい。

> Lv.1 ソフトテニスの始め方

フットワーク❶ スプリットステップ

効率よく相手のボールの元に移動しよう

● フットワークの動き出し ▶ スプリットステップのやり方

❸ 移動する
両足のかかとで地面を踏みつけ、反動をつけて進みたい方向へ移動。

❷ 地面を踏む
一瞬ひざの力を抜き、体重を地面にかける。

❶ 待球姿勢
ベースライン付近で待球姿勢をとる。

POINT
待球姿勢から素早く1歩動き出すために、地面を踏みつける力に加えて、足の腱（けん）が反射する力を生かします。その反動を利用してスピードのあるフットワークを行いましょう。

やりがちな ミス & 対処のコツ

スプリットステップで両足ジャンプをしてしまうと、かえって時間を使ってしまい、素早い動き出しができない。

ジャンプはしない！

地面を踏みつける
▶ 足裏全体で地面を踏みつけるだけでスプリットステップになる。

フットワークとは、相手が返球してきた位置へ移動するときの足の動きのことです。相手から飛んできたボールの元へ素早く移動するために、ムダのないフットワークを心がけましょう。

効率よく素早い移動をするためには、フットワークの動き出しのとき、足裏全体で地面を踏みつけて反動をつけるスプリットステップを行います。そうすることで、待球姿勢からの動き出しがスムーズになるのです。

●左右の移動 ▶ スプリットステップの後はクロスステップ

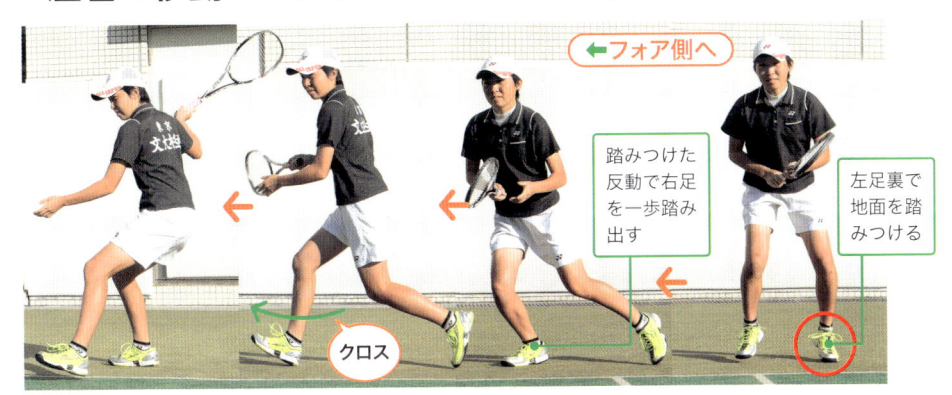

←フォア側へ

踏みつけた反動で右足を一歩踏み出す

左足裏で地面を踏みつける

クロス

スプリットステップの後は、身体の向きは進む方向のまま足を大きく交差させて走り（クロスステップ）、ボールの打球地点近くになったら、小さな歩幅で移動して距離を調整する。試合中は左右へ移動させられることが最も多い。

やりがちな ミス & 対処のコツ

✗ 上半身が先に動いてしまう

下半身から動かす意識を持つ
▶ 身体全体のバランスを保ちやすく、スピードも上がる。焦らないこと。

→バック側へ

右足裏で地面を踏みつける

踏みつけた反動で左足を1歩踏み出す

クロス

23

▶ Lv.1 ソフトテニスの始め方

フットワーク❷ 回り込みのフットワーク

バック側のボールをフォアハンドで打ち返そう

● 回り込みのフットワーク ▶ 半円を描いて走る

❶ バック側にボールが来る
クロスのポジション（コート右側）で待球姿勢をとっていたが、相手にバック側へ打たれる。

❷ 回り込みのフットワーク
バック側へ向き、コートに対して半円を描くように走っていく。

やりがちな ミス

✗ 直線的なフットワーク

ボールとの距離がつかみづらく、打ち返す体勢をとれないまま、詰まった状態で打つことになるので注意。

スイングしづらくしっかりと打ち返せない！

知っておこう　半円を描くメリット

半円を描いてフットワークすることで、相手のボールに対して、後ろから身体を入れていくことができる。すると、ボールとの距離を調節できるようになるので、打てるコースや球種の幅も広がって、打ち返しやすくなる。これは、左右のフットワーク全体にもいえる。

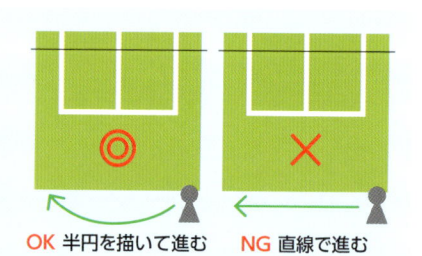

OK 半円を描いて進む　　NG 直線で進む

バック側に動かされても、利き手側のフォアハンドで返球したいときに回り込みのフットワークを使います。

バックハンドは一般的に苦手な人が多いです。そのため、試合中、相手はこちらが返球しづらい箇所をねらって、バック側にボールを打ってくる場面がよく登場します。そこで、フォアハンドでしっかりと返球できると有利になります。

強いボールを返すために、回り込みのフットワークは有効なのです。

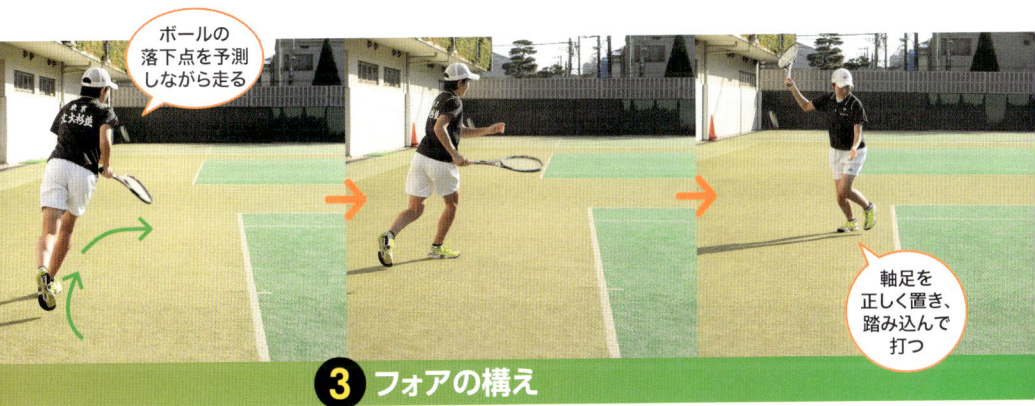

ボールの落下点を予測しながら走る

軸足を正しく置き、踏み込んで打つ

❸ フォアの構え

打球地点に近づいたら、バック側に向いていた身体をフォア側に反転させる。

レベルアップのコツ
前後のフットワーク

前後の移動については練習していない人が多い。そのため前後に移動させるためのボールを打って、ポイントをとりにくる選手も増えてきている。相手の有効打をつくらないために、日頃から前後の移動の練習もしておこう。

前

前かがみにならず、できるだけ身体の軸をまっすぐにして前へ。

軸足を決めて、身体のバランスを安定させる。

身体の軸をまっすぐにして打球する。

後ろ

ボールを斜め下から見るようにして、クロスステップで下がる。

ボールとの距離を調整し、ラケットを振り上げる。

軸足を決めて、身体のバランスを安定させる。

25

> **Lv.1 ソフトテニスの始め方**

フットワーク上達トレーニング
素早く、ムダのないフットワーク を目指す

Menu.01 細かいフットワーク ▶ 足の運びを速くする

やり方　目安：5往復

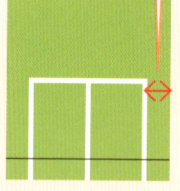

ココを移動

細かいフットワークで往復する。

❶ ネットに対して身体を平行にする。
❷ 反復横跳びのイメージで、片足をもう一方の足につけるようにして、横に小さく跳びながら移動する。これを繰り返す。

重心は高くし、身体の軸はまっすぐにして移動する。

反復横跳びのイメージ

バリエーション －前後－

ネットに対し、身体を90度の向きにして、足を前後に動かして移動する。常に重心は高い位置に置き、前かがみにならずに足を動かそう。

Menu.02 10.97mもも上げ走 ▶ 股関節をスムーズに動かす

やり方　目安：3往復

ココを移動

もも上げしながら往復する。

❶ サイドラインの端からスタート。
❷ 行きは、ネットに対して横を向き、直進移動のもも上げ。
❸ 帰りは、ネットに対して正面を向き、横移動のもも上げ。これを繰り返す。

行き　　帰り

速く移動することよりも、移動しながら腰の位置までしっかりとももを上げることを意識しよう。

練習のねらい テニスは"足ニス"といわれるくらい足の動きが重要な役割を果たします。走るのが遅くても、効率よく足を動かすことができれば、フットワークは速くなります。身体のバランスを崩さないようにするといったポイントも押さえながら、ボールの元へ素早く移動できるようにしていきましょう。

Menu.03 ラケットを持って10.97m走 ▶ 移動後もバランスを崩さない

ココを移動

やり方　目安：3往復

1. ラケットを持って、身体のバランスを崩さないようにダッシュ。
2. サイドライン近くになったら、軸足を決めてラケットを振り上げる。
3. ダッシュした勢いのままで素振りはせず、しっかり止まる。身体の軸をまっすぐにしてからストロークの素振りをする。

ラケットを持ってダッシュで移動し、ストロークの素振りをして往復する。

CHECK しっかりと軸足を決めてから素振り

試合をイメージして、試合のときにも身体のバランスをしっかりとるためのフットワークを意識しよう。

CHECK 上下動をなくす

身体の軸をまっすぐにして移動することを心がけよう。

バリエーション — たて（ベースラインからネット）—

ラケットを持って、ベースラインとネットの間をダッシュ。ネットのほうを向いたまま戻り、ベースライン上でストロークの素振りをする。3往復。

身体の軸をまっすぐに

ネットに手でタッチ

下がる勢いに身体が負けないように

27

Column

実力を高めるための
ソフトテニス語録 ❶

ソフトテニスに取り組むにあたって、心に留めておいてほしい言葉を集めました。ソフトテニスに必要な技術的なヒント、また必要な心の在り方のヒントも詰まっています。みなさんの実力を高める言葉としてぜひ活用してください。

あきらめが命取り
最後の1本、
1歩まであきらめないこと

いの一番にやれ
何でも自分から率先してやろう

笑顔でプレー
負けているときも明るくいこう

落ち着きは宝
常に冷静に考えよう

ケガを味方に
ケガをして休んでいるときこそ
時間を有効活用しよう

シュートボールが基本
速いシュートボールを打つことが大切

攻めに徹しろ
勝負は先に攻めたほうが
勝つことが多い

高さを使おう
ラケットの届かない空間を攻めよう

取れば取れる
取ろうとする心がなければ、
ボールは取れない

日本一に手を伸ばせ
最後は選手自身の
「優勝したい」という意思の強さ

盗むも技術
強い選手のプレーを研究し、
自分のものにする力をつけること

Lv.2
グラウンドストロークの基本

相手と打ち合うための基本ショットがグラウンドストローク。ワンバウンドしたボールを打つときのラケットの高さやタイミング、ボールの軌道や回転のかけ方などでショットの呼び方が変わります。

▶ Lv.2 グラウンドストロークの基本

グラウンドストローク入門①
基本的な打ち方

すべてのショットの基本「1」をつくろう

CHECK 「1」の形をつくる

❶ 待球姿勢
ひざをやや曲げて、ラケットはおへその辺りに構えて待球姿勢をとる。

❷ テークバック
ラケットを後ろに引き、後ろ足（右足）に重心を乗せる（軸足設定）。

❸ ラケットの振り出し
軸足に乗っていた体重を前へ移動させながら、ラケットを振り出し始める。

CHECK 「1」をつくって効率よくボールに力を伝える

「1」 「2」 「3」

テークバック時に軸足設定完了！

フォアハンド（利き手側）

「1」テークバックで上半身をひねる。
「2」軸足（右足）に体重を乗せてから踏み込み（左足）、ムチのようにラケットヘッドを遅らせながらスイング。ひねりが戻されるとき、身体の回転力が生まれる。

インパクトへ向けて「後ろから前への体重移動」と、テークバックしてからスイングするときの「上半身のひねり戻し」によって、身体に回転力が生まれる。この力を生かしてボールを前に押し出すのが、ボールに力を効率よく伝えられる打ち方だ。まずは「1」をつくれるようになろう。

ラリーの中心になるのがグラウンドストロークです。相手の打ってきたボールをワンバウンドさせてから打ち返すことをいいます。

待球姿勢からボールの元へ移動し、1・2・3のリズムで打つのが基本です。

具体的には、「1」で軸足設定とラケットの引き（テークバック）を同時に完了させて、「2」で踏み込んでラケットを振り出し、「3」で打球してラケットを振り抜きます。まずは「1」をつくれるようになることが最も大切です。

右わきをしめる

ラケットのヘッドを引き上げながら手首を返していく

❹ インパクト
ラケット面にボールをまっすぐに当てる。インパクトはボールがラケットに当たる瞬間のこと。

❺ フォロースルー（振り抜き）
身体の回転を使ってボールを前へ運んでいくイメージで、ラケットを肩の上に振り抜いていく。

知っておこう　ボールの回転（ドライブとスライス）

上達していくと、ボールの回転を使い分けて攻撃することもあるので、覚えておこう。

メリット
ドライブ
ボールが回転方向に落ちることで、ミスなく攻撃的なボールが打てる。

スライス
回転のスピードに変化をつけることで、打ち出されるボールが大きく変化する。

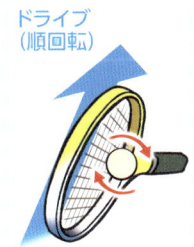

ドライブ（順回転）

◀ ラケット面にまっすぐにボールを当て、ラケットを引き上げていくと、自然とボールがドライブ回転していく。

スライス（逆回転）

▶ ボールの斜め下側をラケット面でこするように当てるとスライス回転（ドライブ回転の逆）していく。

▶ Lv.2 グラウンドストロークの基本

グラウンドストローク入門❷
深いボールと短いボール

相手のボールの長短で打ち方を変えよう

● **相手のボールが短いとき** ▶ クローズドスタンスで体重の平行移動

- 「1」をつくる
- 左足に体重を移動させて打つ
- 左足を前に踏み込む

❶ 「1」をつくる　❷ クローズドスタンス　❸ インパクト

クローズドスタンスで前に踏み込める場合、上半身のひねり戻しを使いながら軸足（右足）に乗せた体重を前へ平行に移動させる。そうすることで、インパクトのときにボールにパワーを伝えることができる。

● **相手のボールが深い（長い）とき** ▶ オープンスタンスでひねり戻し

- 上半身をひねることを意識！
- ひねった上半身を戻していく
- 体重移動で生まれる力が少ない分、ひねり戻しの回転力を生かす！

❶ 「1」をつくる　❷ オープンスタンス　❸ インパクト

相手の打ってきたボールが深く、左足を踏み込んでいけない場合、オープンスタンスで打ち返す。そのとき、体重移動ができない分、上半身のひねり戻しで生み出す身体の回転力をより意識しよう。

基本的な打ち方を身につけたら、相手のボールをミスなく返球できる打ち方をマスターしましょう。

相手のボールは常に同じ長さ、同じコースではありません。ボールが短いとき、深い（長い）ときでグラウンドストロークの身体の使い方は少しずつ変わります。たとえば、ボールが深いときに、左足を踏み込んで打つと、ラケットを振りきる余裕がなくなって、ミスにつながります。体重移動とひねり戻しがポイントです。

左足に体重が乗ったままフォロースルー完了

❹ フォロースルー

左足重心

短いボールの場合、前進してボールを打ち返さなければならない。後ろ足（右足）に体重を乗せるのは難しいので、踏み込み足である左足に重心を乗せて打っていく。

最後までしっかりとラケットを振りきる

❹ フォロースルー

右足重心

深いボールの場合、左足を踏み込んで打つことができない。軸足（右足）1本で打ち返す場合もある。

▶ **Lv.2 グラウンドストロークの基本**

グラウンドストローク入門❸
コース、球種、打点

ボールのコースや球種を変えて相手陣形を崩そう

● **ボールのコース** ▶ ボールの方向を知る

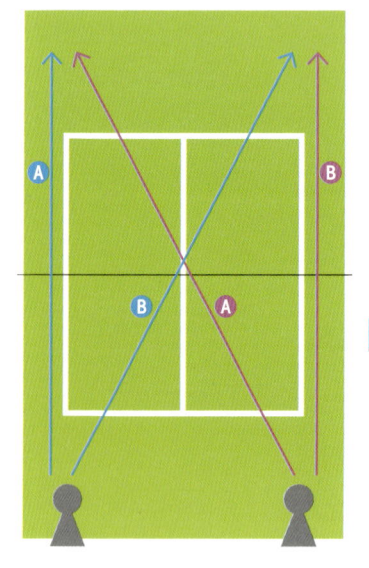

コート右側（クロス）に立った場合
Ⓐ **クロス**…身体より左側に打っていく（引っ張り）
Ⓑ **右ストレート**…まっすぐに打っていく（流し）

コート左側（逆クロス）に立った場合
Ⓐ **左ストレート**…まっすぐに打っていく（引っ張り）
Ⓑ **逆クロス**…身体より右側に打っていく（流し）

知っておこう 「引っ張り」と「流し」

ソフトテニスのショットでは、よく身体よりも内側に打っていく場合を「引っ張り」、身体よりも外側に打っていく場合は「流し」という。ちなみにクロス⇒クロスは「引っ張り」、クロス⇒右ストレートは「流し」となる。

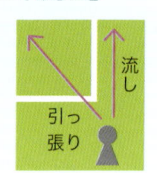

● **打点の前後** ▶ 打点の位置を変えてコースをコントロール

打点前（引っ張りの場合）
クロスのポジションからクロスへ打つ場合は、打点を前にとる。

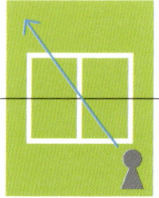

打点後ろ（流しの場合）
クロスのポジションから右ストレートへ打つ場合は、打点をやや遅らせて後ろにとる。

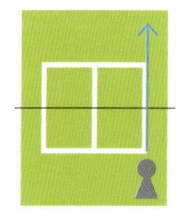

グラウンドストロークに限らず、ソフトテニスのショットではインパクト時の打点の位置によって、ボールのコースを変えることができます。

　打点が前なら、利き腕よりも身体側に引っ張ることができ、打点が後ろなら、利き腕側に流していけます。

　また、ラケットのスイング軌道によっても球種を打ち分けられます。ボールを変化させて相手の陣形を崩し、得点につなげましょう。

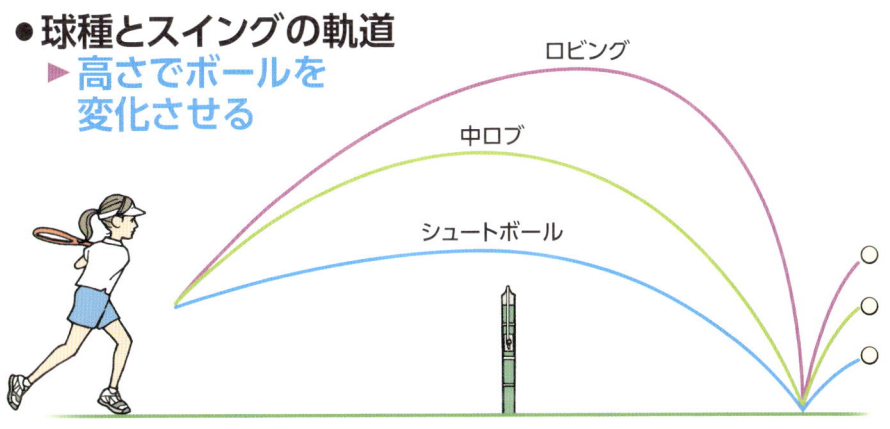

●球種とスイングの軌道
▶ 高さでボールを変化させる

ロビング
中ロブ
シュートボール

ネットに対して、一番低く直線的な軌道で飛んでいくスピードボールが「シュートボール」。一番高い軌道で半円を描いて飛んでいくのが「ロビング」、そしてロビングよりも、やや低い軌道でスピードのあるボールのことを「中ロブ」と呼ぶ。

中ロブの場合のラケットの軌道

ラケットの軌道

ラケットの軌道によって球種が変わってくる。たとえば、写真のように一番下の線がシュートボールを打つとき、一番上の線がロビングを打つとき、そして真ん中の点線が中ロブを打つときのスイング軌道になる。

▶ **Lv.2 グラウンドストロークの基本**

グラウンドストロークの基礎練習
ラケットを振るタイミングを身につけよう

STEP 1 「1」をつくった状態から ▶ 重心移動を意識して打つ

「1」

重心を右足から左足へ、しっかりと移動させて打っていこう。

やり方　人数：2人

❶ ラケットを、ベースラインの上にネットに平行になる向きで置く。
❷ 練習者は、左足をラケットのグリップの後ろ（ベースラインの上）に置き、「1」の状態をつくったまま立つ。
❸ 球出し者は、置いたラケットの上にボールを落とす。練習者は、バウンドしたボールを打つ。

STEP 2 待球姿勢から「1」をつくる ▶ 「1」をつくる流れを意識する

待球姿勢

待球姿勢から「1」をつくる動きを習得していこう。

やり方　人数：2人

❶ ラケットを、ベースラインの上にネットに平行になる向きで置く。
❷ 練習者は、置いたラケットのグリップエンドの真後ろの辺りに右足を置き、待球姿勢をとってから「1」の状態をつくる。
❸ 球出し者は、練習者が「1」の状態になったことを確認してから、置いたラケットの上にボールを落とす。練習者はバウンドしたボールを打つ。

レベルアップの コツ
インパクト地点を予想する

まずは「1」の形をつくれるようになることが重要。次に決まった場所でバウンドするボールを打ってインパクトする地点を覚えよう。実際のラリーの中でも、インパクト地点を予想し、素早く移動できることが大切だ。

練習のねらい バウンドしたボールに対し、「1・2・3」のリズムで打てるようにフォームを固めていきましょう。特に、「1」のフォームをつくる（テークバック終了時に軸足の設定が終わる）ことは、どのショットでも重要です。「1」の形がしっかりつくれれば、ミスのないボールを打っていけるでしょう。

STEP 3 手投げの上げボール ▶ 動きのあるボールに対応する

球出しは下手投げで山なりの上げボールをフラフープの中に入れる。

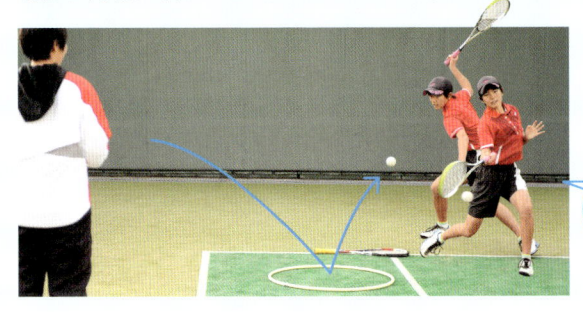

やり方　人数：2人

❶ ラケットを、ベースラインの上にネットに平行になる向きで置く。
❷ 置いたラケットの前にさらにフラフープを置き、球出し者はフラフープの中にボールを下手投げする。
❸ 練習者は、バウンドしたと同時に、待球姿勢から「1」の形をつくり、フラフープの中でバウンドしたボールを打つ。

ベースライン上に置いてあるラケットのフレーム辺りにくるボールを打とう

STEP 4 ラケットでの上げボールから ▶ ラリーをイメージして遠くに打つ

できるだけ遠くに飛ばす！

やり方　人数：2人

❶ 練習者は、サービスラインの少し後ろで、待球姿勢をとる。
❷ 球出し者はネットの向こう側に座り、ラケットで山なりのボールを軽く打って上げボールをする。
❸ 練習者はしっかり「1」をつくってからボールを打つ。

バウンドしたと同時に素早く「1」の形をつくる。ボールがネットにかからないよう、まずはできるだけ遠くに飛ばすことを目指そう。

▶ Lv.2 グラウンドストロークの基本

サイドストローク フォアハンド

身体の回転を生かして腰の高さで打とう

ラケットヘッドを少し遅らせる

テークバックして軸足設定

左足へ体重移動

❶「1」をつくる
両ひざを曲げ、右足に体重を乗せて腰をひねり、ためをつくっている。

❷ 体重移動
上体のひねりを戻しながら、体重を右足から左足へと移動させる。

サイドストローク（フォアハンド）はここで使う！

- フォア側（利き手側）にボールがきたとき
- フォア側に回り込めるとき
- 腰辺りでインパクトできるとき

POINT
スイング時にグリップエンドでボールを差すようにしてラケットヘッドを遅らせることで、腕をしなやかに使い、インパクト時のヘッドスピードを上げましょう。

サイドストロークは、試合の中で、最も多く使用します。インパクト時にラケットを横面にし、腰の高さで打つショットです。基本的なグラウンドストロークの打ち方ともいえます。

スイング時に、体重移動と上半身のひねり戻しによって身体の回転を生み出し、ラケットヘッドを遅らせながらムチのようなスイングでボールにパワーを伝えていきます。

身体の回転を生かして振りきっていきましょう。

❸ インパクト
ラケットが横面になり、ボールを押し出していく。

❹ フォロースルー
ラケットを引き上げ、しっかりと振り抜く。

やりがちな ミス & 対処のコツ

わきが空きすぎる
身体の回転力が生まれず、スムーズなスイングができない。

インパクト時にラケット面が上を向く
ボールにスライス回転がかかり、上に飛んでしまう。

右わきをしめる
▶ スムーズに、ムチのようにしなったスイングができる。

ラケット面を傾けない
▶ ボールにラケットがまっすぐ当たるようにする。

▶ Lv.2 グラウンドストロークの基本

アンダーストローク フォアハンド

短いボールを確実に返球しよう

ひざを曲げ、腰を低くする

左足へ体重移動

❶ 「1」をつくる
軸足（右足）に体重を乗せ、テークバック。ひざを曲げ、腰を低くする。

❷ 体重移動
右足から、左足へ体重を移動させながらラケットを振り出す。

アンダーストローク（フォアハンド）はここで使う！

- フォア側にボールがきたとき
- 短いボールがきたとき
- ひざより低い打点で打つとき

POINT
ミスなく打てるかどうかは、ひざをやわらかく使えるかどうかにかかってきます。上半身を前傾させるのではなく、ひざをしっかり曲げましょう。

下半身を低くしてひざを曲げ、インパクト時はラケットをたて面にして返球するのがアンダーストロークです。
　短いボールを返球する際に使われることが多く、ネットに近い距離から相手コートにボールを入れていくことが多くなります。そのため、コンパクトなスイングでしっかりと振りきっていくことが大切です。また、ネットに詰めて打つときは、前のめりになりやすいですが、体勢が崩れないように上半身をまっすぐにしましょう。

ラケットヘッドはグリップよりも低くする

❸ インパクト

ひざから下の低い高さでインパクト。ラケットのたて面で打つ。

❹ フォロースルー

ネットより低い打点から、上へと引き上げるようにスイング。

やりがちな ミス ＆ 対処のコツ

ひざが立っている
身体が前のめりになりやすいが、ひざが立っているとうまく打てない。

ラケット面をかぶせすぎ
インパクト時にラケット面が傾きすぎるとボールがネットを越えない。

ひざをやわらかく使う
▶腰を低く、ひざを曲げ、上半身はまっすぐにして打球する。

下から上へ振り上げるように
▶ラケットを下から上へ引き上げるようにスイングするとネットを越えやすい。

▶ Lv.2 グラウンドストロークの基本

トップストローク フォアハンド

高い打点からパワフルなボールを打とう

軸足（右足）に体重を乗せ、テークバック

左足へ体重移動

① 「1」をつくる
上半身をひねり、ボールを身体のほうに引きつける。

② 体重移動
打ち出すときに胸を張り、左足を伸ばす。肩ぐらいの打点でインパクト。

トップストローク（フォアハンド）はここで使う！
- フォア側にボールがきたとき、回り込めるとき
- 相手のボールが短く、やや山なりに返球されたとき
- 自分が攻撃した後で、チャンスボールがきたとき

やりがちな ミス &

身体の軸が曲がる
身体の軸が曲がり前かがみになると威力のあるボールが打てない。

相手が甘い返球をしてきたときは、トップストロークで攻撃的なボールが打てるチャンスです。顔から肩辺りの打点から打ち込むので、最も威力があるダイナミックな打ち方になります。

ボールに対してラケット面をまっすぐに当て、高い打点で大きく踏み込むので、パワーをためて打つことができます。他のストローク以上に、後ろから前への体重移動と身体の回転動作が必要なので、スイングしながら右足をけり出していきましょう。

けり出す

車のワイパーのようにラケットを動かす

❸ スイング
全身を使って腰を中心に回転させ、スイングしていく。

❹ フォロースルー
スイングしながら、右足をけり出す。けり出すことで、パワーが加速する。

対処のコツ

右のわきが空く
身体が回転せず、スイングスピードが遅くなる。

体重移動ができていない
軸足に体重をかけたまま、前足で踏み込めないと威力のあるボールが打てない。

胸を張ってインパクト
▶ 身体の軸を曲げずに、インパクトできる。

わきをしめてスイング
▶ ラケットヘッドが遅れて出るようにならせ、ヘッドスピードを上げる。

後ろから前へ体重移動
▶ 回転力が生まれ、ボールに威力が伝わる。

▶ Lv.2 グラウンドストロークの基本

ライジング フォアハンド
相手に時間を与えない攻撃を身につけよう

軸足(右足)に体重を乗せる

速いタイミングで左足へ体重移動

❶ 「1」をつくる
ボールの元へ素早く移動し、テークバックと軸足設定を完了させる。

❷ スイング
通常のストロークより速いタイミングで右足から左足へ体重移動。

ライジング(フォアハンド)はここで使う!

- フォア側にボールがきたとき
- ボールがやや短く、身体の正面にきたとき
- ラリーのリズムを変えたいとき

POINT
ライジングでは、速いタイミングで打ち返し、相手に時間を与えないようにしたいので、他のストロークよりも、素早く、コンパクトな身体の回転が大切です。

相手の返球したボールがバウンドし、頂点に上がる前に打つのがライジングです。

素早く構えて、ボールの元へ移動し、速いタイミングでボールを打っていきます。

タイミングが速いほど、相手は打球後にポジションに戻る時間が少なくなり、準備が遅れます。そのため、ミスを誘うためにも有効なショットです。

通常のストロークより打点が前になる

ボールが上がりきる前に打つ

❸ インパクト
バウンドして頂点に上がる前に、打点を前にしてインパクト。

❹ フォロースルー
身体の回転を生かしてコンパクトにスイング。ラケットは大きく振らないこと。

レベルアップの コツ
右足で地面をける

ストロークではスイング時の右足から左足への体重移動、ラケットヘッドを遅らせたラケットがしなるようなスイングで回転力を生む。ライジングでは、さらに軸足である右足で地面をけってラケットヘッドをムチのように走らせよう。

スイング時の軸足(右足)のけりによって、タイミングの速いライジングが打てる。

▶ Lv.2 グラウンドストロークの基本

バックハンドストローク
苦手意識を持たずに使っていこう

（自分の身体より左側にボールがくることを確認する）

❶ 待球姿勢
ネットに対して正面を向く。

❷ テークバック
ネットに対して左側を向いて半身になり、上半身をひねる。軸足（左足）に体重を乗せる。

❸ スイング
ラケットをグリップエンドから前に出すイメージでスイング。

バックハンドストロークはここで使う！
- バック側にボールがきたとき
- フォア側に回り込む時間がないとき

レベルアップのコツ
フォアよりもひねり戻しと体重移動が大切

ボールに力を伝えにくいバックハンドだが、体重移動と上半身のひねり戻しをフォアハンド以上に意識することで、力強いバックハンドが打てるようになる。

利き手の反対（左手）側でのストロークをバックハンドストロークといいます。フォアハンドのときと同じラケット面で打つため、力を入れづらく、苦手意識を持つ人も多いです。しかし、上半身をひねって戻す力を使い、しっかりと体重移動ができればスムーズにスイングしていけます。

また、バックハンドは回り込んでフォアハンドで打つよりも、相手コートに返球する時間を短縮できるので、使えると非常に有効なショットです。

グリップエンドから前に出すイメージで

自然と左手が前に出る

④ インパクト
ラケットの横面でインパクトし、身体の回転を生かしてスイング。

⑤ フォロースルー
しっかりと振り抜くために胸を張る。

身体の回転力で鋭くスイング。	体重移動と同時に、上半身のひねりを戻していく。ひざ⇒腰⇒肩の順に回転。	右足を踏み込み、前へ体重移動を始める。	上半身をひねり、テークバック。左足に体重を乗せ、軸足設定。

▶ Lv.2 グラウンドストロークの基本

バックハンドストロークの基礎練習
コツを覚えるまで繰り返し練習しよう

STEP 1 「1」をつくった状態から ▶ 身体の回転力を意識

体重移動、上半身のひねり戻しで身体の回転力を生み出そう。

やり方 人数：2人

❶ 練習者は、左足をラケットのグリップの後ろ（ベースラインの上）に置き、「1」の状態をつくったまま立つ。
❷ 球出し者は、置いたラケットの上にボールを落とす。練習者はバウンドしたボールをバックハンドで打つ。

STEP 2 待球姿勢から ▶ 軸足と踏み込み足を意識

待球姿勢から左足を軸足に「1」をつくり、右足を踏み込んでいく。

やり方 人数：2人

❶ 練習者はベースラインの後ろで待球姿勢。左足を軸足にして「1」をつくる。
❷ 球出し者は練習者が「1」をつくったのを確認し、置いたラケットの上にボールを落とす。練習者はバウンドしたボールをバックハンドで打つ。

STEP 3 手投げの上げボールから ▶ ボールとの距離感をつかむ

一番スイングしやすい位置で打点をとるための距離感をつかもう。

やり方 人数：2人

❶ 置いたラケットの前にさらにフラフープを置き、フラフープの中に球出し。
❷ 練習者は、球出しと同時に、待球姿勢から「1」の形をつくり、フラフープの中でバウンドしたボールをバックハンドで打つ。

練習のねらい バックハンドはフォアハンドよりも打点の幅が狭い分、打ち方の調整がしにくいですが、一度コツを覚えてしまえば簡単に感じるショットでもあります。フォアハンド同様、「1」でテークバックして軸足設定、「2」で踏み込み、「3」でインパクト後ラケットを振り抜いていくリズムを身につけましょう。

STEP 4 ラケットでの上げボールから ▶「1」を素早くつくる

打点と自分の身体の距離をうまくとるために「1」を素早くつくっていこう。

やり方 人数：2人

❶ 練習者はサービスラインの少し後ろで待球姿勢。
❷ 球出し者はネットの向こう側に座り、ラケットで軽く山なりのボールを打って上げボールをする。
❸ 練習者はしっかり「1」をつくってからバックハンドで打つ。

アドバイス！

初心者は韓国式バックもおすすめ

バックハンドは力が入りづらいので、腕力のない初心者や女子選手は、韓国人選手が行う「韓国式バック」の打ち方もおすすめ。両手の力で打てるうえに、打点が高いため、威力もスピードもあるボールが打てる。自分のやりやすい打ち方で練習していこう。

左手を右ひじにそえる。 → 左手で右ひじを押し出してスイング！ → 高い打点でインパクト。 → 身体の回転を生かして鋭く振りきる。

▶ Lv.2 グラウンドストロークの基本

ロビング フォアハンド
ボールに高さをつけた立体的な攻撃をしよう

両ひざを曲げてためをつくる!

❶ テークバック
軸足(右足)に体重を乗せる。ひざをしっかり曲げ、テークバック完了。

❷ スイング～インパクト
ひざを伸ばしながら、ゆっくりと、ラケットを下から上へスイング。

ロビング(フォアハンド)はここで使う!
- フォア側にボールがきたとき
- 相手に攻められて体勢を崩したとき
- ラリー中、ボールのコースを変えたいとき
- ネット前の相手前衛にボールを取られたくないとき

やりがちな ミス
ひざが立ったまま
打ちたい角度へ打てず、ボールが高く上がっていかない。

打球後、ネット前についた相手前衛が、ラケットを伸ばしても取れないくらいの高い位置を通る、山なりのボールがロビングです。直線的なシュートボールよりも、高さをつけた立体的な攻撃ができます。

相手に厳しいボールを打たれたときに、ロビングで高さをつけて深く返球できれば、自分が体勢を立て直す時間をつくれます。

また、ラリー中にボールのコースを変えたいときにもロビングは有効です。

曲げていたひざを使う

❸ フォロースルー

打ちたい角度へ、大きくラケットを振り上げていく。

ステップアップレッスン！

バックハンドのロビング

試合では、苦手とする人が多いバック側を攻められやすい。そこでしっかりとバックハンドの大きなロビングが打てれば、崩された体勢が立て直せ、次の相手の攻撃にも対応できる。<u>バックハンドのロビングが打てる選手は負けにくい選手といえる。</u>

ひざをしっかり曲げる。

曲げたひざを伸ばし、全身でボールを運ぶようにラケットを下から上へ引き上げる。

フォロースルーで打ちたいコースの方向づけをし、高さを調整。

▶ Lv.2 グラウンドストロークの基本

中ロブ フォアハンド
相手陣形を崩すショットを打とう

> シュートボールを打つときと同じテークバックで相手を混乱させよう

ひざを曲げる

❶ テークバック
ひざは曲げ、軸足（右足）に体重を乗せる。

❷ 体重移動
曲げたひざを伸ばしながら、左足に体重移動。

中ロブ（フォアハンド）はここで使う！

- フォア側にボールがきたとき
- ボールのコースを変えて攻撃したいとき
- 相手陣形を崩したいとき

POINT
中ロブは、身体の回転を素早く、鋭く行うことで、相手前衛が届かない絶妙な高さ、相手後衛が追いつかないスピードでボールが飛んでいきます。

ネット前にいる相手前衛がわずかに届かないくらいの高さを通り、相手後衛が追いつけない速いスピードで飛んでいくのが中ロブです。

ラリー中にコースを変え、相手陣形を崩すには絶好のショットで、攻撃をしかける際の有効打になります。

シュートボールを打つときと同じ構えから打ち分けられると、より一層攻撃力が増します。攻撃の幅を広げるためにもしっかり身につけましょう。

ボールをラケット面に乗せる時間の長さと、ラケットを引き上げる角度でボールを調節

③ インパクト
シュートのような速いスイングと高い打点でインパクト。

④ フォロースルー
ボールの高さとスピードを調整する。ネット前の相手前衛をかわして遠くに伸びるように意識。

レベルアップのコツ

返球までの時間が短く、攻撃力がグンとアップ!

①右足のけり
インパクト後のスイング時に右足（軸足）で地面をけり上げることで、ラケットヘッドのスピードを加速させることができる。

②バックハンドの中ロブ
フォアと同様に、シュートボールを打つようなスイングから、高い打点でボールをインパクト。フォロースルーで高さやコースを調整していく。

▶ Lv.2 グラウンドストロークの基本

カットストローク(攻め) フォアハンド

逆回転のボールでラリーのリズムを変えよう

① テークバック
シュートボールなどを打つときと同じテークバックをとる。

② スイング
インパクト寸前まで相手にシュートを打つと思わせるようなスイングをする。

カットストローク(フォアハンド)はここで使う！
- フォア側にボールがきたとき
- 相手ボールが短いとき
- 相手に厳しく攻められたとき
- ラリーのリズムを変えたいとき
- カットサービスを返すとき

POINT
フォロースルーでボールの長さが決まります。フォロースルーが短ければ、短めの返球、長ければ長めの深い返球ができます。

カットストロークは、ボールにスライス回転（逆回転）をかけるショットです。飛んでくるボールに対して、ラケット面を斜めにし、ボールの斜め下側をこするように当ててスライス回転をかけます。すると、相手コートでボールのバウンドの方向が様々に変化します。たとえば右利きの場合、相手の身体に食い込むようにボールがバウンドしていきます。

相手が簡単には取れないので、ラリーのリズムを変えることができます。

ボールの斜め下側をこするように回転をかける

ひざの曲げ伸ばしでも回転をかける量は調節できる

❸ インパクト
ボールの飛んでくる方向に対し、ラケット面を引き下げる。

❹ フォロースルー
ボールをラケット面で運ぶようにする。ラケット面でボールを運ぶ時間の長さと、ラケットを引き下げる角度で、ボールの長さを調節。

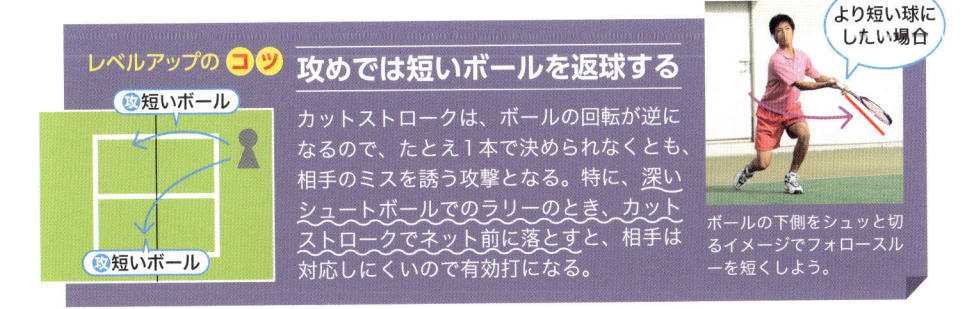

レベルアップのコツ 攻めでは短いボールを返球する

カットストロークは、ボールの回転が逆になるので、たとえ1本で決められなくとも、相手のミスを誘う攻撃となる。特に、深いシュートボールでのラリーのとき、カットストロークでネット前に落とすと、相手は対応しにくいので有効打になる。

より短い球にしたい場合

ボールの下側をシュッと切るイメージでフォロースルーを短くしよう。

55

▶ Lv.2 グラウンドストロークの基本

カットストローク（守り）フォアハンド

攻めと守りを使い分けて打とう

相手の返球コースが厳しく、しっかり軸足を決めて体重移動するスイングができない場合

> オープンスタンスで対応する

❶ 返球地点へ移動
相手の返球地点へ移動。

❷ スイング
シュートボールやロビングのフォームで打ち返せそうにないため、オープンスタンスでカットストロークに。

ステップアップレッスン！

バックハンドのカットストローク

相手にねらわれやすいバック側の攻撃には、まずバックハンドのロビングで返そう。さらに続けて、厳しいバック側の攻撃がきたら、バックハンドのカットストロークで返せるとより効果的な守りになる。

インパクト時にラケット面をボールの下側をこするように当て、フォロースルーで角度をつけてボールを大きく返す。

相手に深いボールを返球された場合など、しっかり軸足を決めて体重移動するスイングができなくても、カットストロークならオープンスタンスで深い返球ができます。ボールの滞空時間が長いので、自分の崩した体勢を立て直す時間もつくることができ、守りとしても非常に役立つショットです。

　相手にとっては、攻撃後に短く甘い返球がくると思っていた期待を裏切る深い返球をされることになり、さらなる攻撃をしかけにくくもなります。

❸ インパクト
ボールの下側をラケット面で切るようなイメージでインパクト。

❹ フォロースルー
フォロースルー時はラケット面でボールを長く運び、深い返球をする。

深い返球でやり返す

やりがちな ミス & 対処のコツ

ひざが立っている
ボールの回転量をコントロールしにくくなる。

ラケットと身体の距離が近すぎる
打つボールとの距離も近くなり、スイングが詰まってしまう。

ひざをやわらかく使う
▶ ボールの回転のかかり具合（ボールのバウンドする方向の変化具合）を調節できる。

ラケットはすぐにテークバックできる位置に
▶ スムーズなスイングができるので、ボールの回転を調節しやすくなる。

▶ Lv.2 グラウンドストロークの基本

ランニングショット フォアハンド

走らされても、身体全体を使ってスイングしよう

① 返球地点へ移動
待球姿勢をとった場所からボールがバウンドする地点へ移動。

② 構えながら移動
テークバックしながらもボールのバウンド地点と自分の身体の距離感をはかる。

③ 打球地点を決める
ボールを身体に引きつける。

ランニングショット（フォアハンド）はここで使う！

- フォア側にボールがきたとき
- 構えた場所から移動して打たなければいけないとき
- 相手の返球コースが自分から遠いとき

レベルアップのコツ

ひねり戻しとジャンプが重要！

ランニングショットをしっかり打つためのポイントは、スイング前半の上半身のひねり戻

ランニングショットとは、その名の通り、走りながらスイングするショットのことです。

相手は一定の場所で打たせてくれません。待球姿勢をとった後に、ボールを追ってコートを走ることも多くあり、そんなときは軸足を決めて体重移動をする、といった余裕はありません。そのため、スイング時は身体の軸をまっすぐにして、ジャンプすることで身体の回転力やラケットスピードを上げていきます。

❹ 軸足設定

軸足（右足）に体重を乗せ、右足1本で立つ。

❺ ジャンプ〜インパクト

スイングしながら、右足でジャンプ。

❻ フォロースルー

ジャンプすることで身体の回転をスムーズにする。

〜とスイング後半のジャンプ。ジャンプすることでスイングしやすくなるので、上半身のひねり戻しで生まれる身体の回転力をスイング後半につなげることができる。

上半身をしっかりひねる。

軸足1本で立っているものの、上半身のひねり戻しから得たパワーを生かし、スイングし始める。

右足でジャンプし、空中で体重移動しながら身体を回転。力強いスイングにつなげる。

▶ Lv.2 グラウンドストロークの基本

文大杉並流！ストローク練習
大切なポイントを段階を踏んでマスターしよう

Menu.01 ハンドストロークでカベ打ち①
▶ 手でボールを打つ感覚を覚える

やり方　人数：1人

❶ カベから3～4mくらい離れたところに、ボールを1つ持って立つ。
❷ カベに向かって、手のひらでボールを打ってカベに当てる。戻ってきたボールがワンバウンドしてから打ち返す。これを繰り返す。

CHECK
指で打ってもボールは飛ばない。常に手のひらでボールを打つことができるように、足を細かく動かして素早くボールの落下点へ移動しよう。

初心者は10回以上できるようにしよう

手のひらにボールを当て、どのくらいボールを押し出してカベに当てていくのか、その感覚を忘れないように。

アドバイス！

バックでもトライ！

Menu.01のカベ打ちをバックハンドでもやってみよう。フォアハンド同様に足を細かく動かして素早くボールの落下点に行き、右手を大きく振って常に手のひらにボールを当てていく。カベに当たったボールはすぐに戻ってきてしまうため、<u>わきをしめてコンパクトなスイングにし、次のボールに対して体勢を整えていこう。</u>

できるだけバック側にボールが戻ってくるよう、カベにボールを当てる場所を一定にしていこう。

練習のねらい 段階を踏んだ練習を積み重ねて、グラウンドストロークの大切なポイントを押さえ、相手との打ち合いに勝てるようになりましょう。まずはラケットを自分の手のように思い通りに動かせるかどうかが重要です。手でボールを打つ感覚を知ることから始めていきましょう。

Menu.02 ハンドストロークでカベ打ち②
▶ ノーバウンドで打つ感覚をつかむ

やり方　人数：1人

❶ カベから1〜2mくらい離れたところに、ボールを1つ持って立つ。
❷ 手のひらでボールを打ってカベに当てる。戻ってきたボールをノーバウンドで打ち返す。これを繰り返す。

> ラケットでボールを打つときも同じイメージ！

> 初心者は5回以上できるようにしよう

もしカベ打ちがうまく続かないときには、カベとの距離を短くしてトライしてみよう。

レベルアップの コツ
下半身を安定させ、身体全体でボールを運ぶ

ノーバウンドでうまくカベ打ちをするためには、下半身が揺らぐことなく、地面にしっかりと根を張るように、低い体勢を保つのが基本。また、手のひらに当たったボールをひざの曲げ伸ばしを使って身体全体で運んでいくイメージでやるとよい。ボールを飛ばすための身体の動かし方を覚えよう。

手のひらで打つとき、曲げていたひざを伸ばしながらボールを飛ばそう。

Lv.2 グラウンドストロークの基本

Menu.03 手投げ、少し動いて1本打ち
▶ 素早く移動して軸足を決める

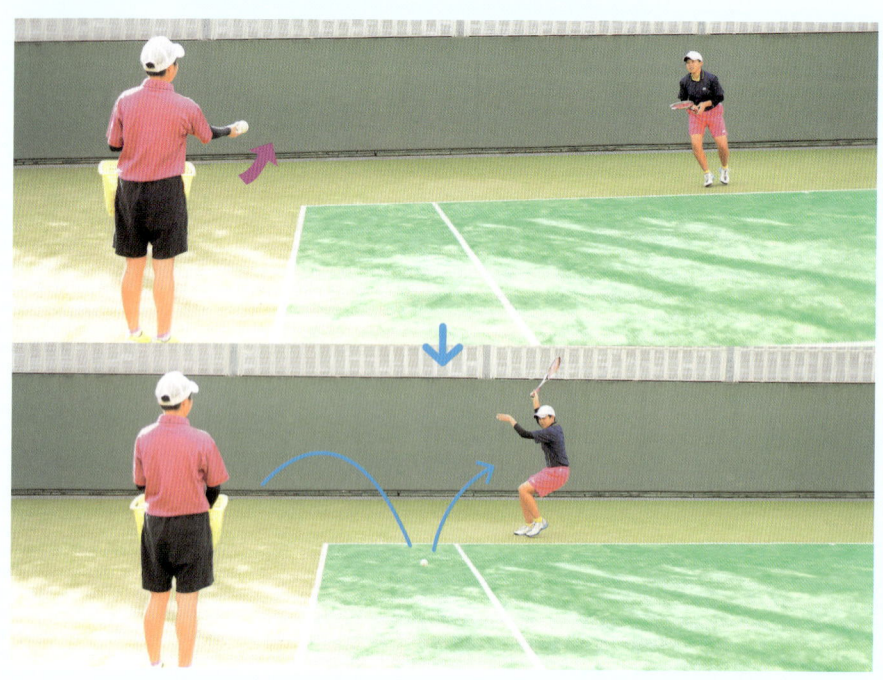

ボールと自分の身体の距離感をつかんでいこう。

やり方 ＜クロス側＞　人数：2人以上

❶ 練習者はセンターマーク付近で待球姿勢をとる。
❷ 球出し者はサイドライン付近から、手投げでゆるいボールをベースライン付近に投げる。
❸ 練習者はボールの落下点へ走り、ストレートもしくはクロスへ打ち返す。1人5本で交代。

逆クロス側

逆クロス側も同様に練習する。練習者はバックハンドで返球しよう。

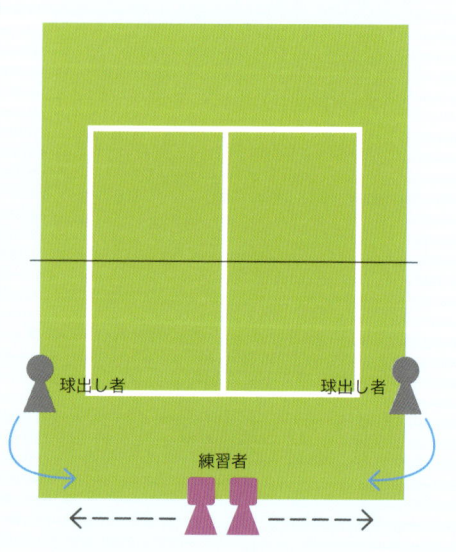

球出し者　　　球出し者
練習者

Menu.04 上げボール1本打ち
▶ ラケットからのボールに対応して軸足を決める

クロス、逆クロス両方行う。大きなフットワークで素早く移動し、落下点付近になったら、細かいフットワークで打点と身体の位置を微調整しよう。

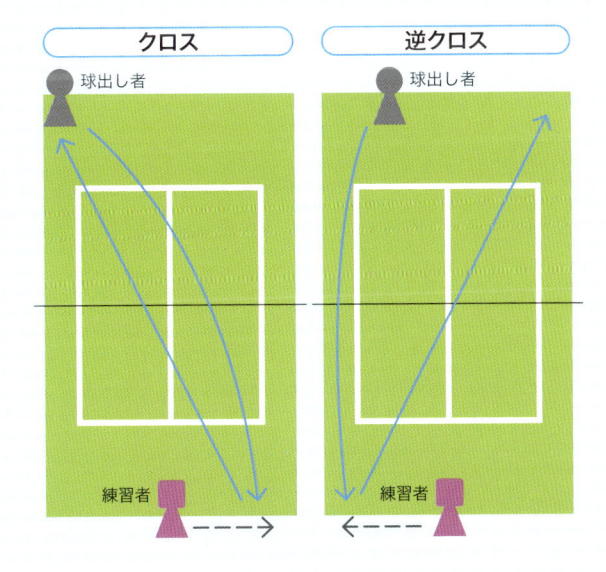

やり方　人数：2人以上
<クロス側>

❶ 練習者はセンターマーク付近で待球姿勢をとる。
❷ 相手コート側の球出し者は、クロスからラケットでやや山なりのゆるいボールを球出しする。
❸ 練習者はセンターからクロスへ走り、クロスへ打ち返す。1人5本で交代する。

CHECK ラケットからのボールの勢いやスピードを予想してボールの落下点まで素早く移動し、打点は遠すぎず、近すぎず、自分の打ちやすい打点を見つけて打とう。

クロス	逆クロス
球出し者	球出し者
練習者	練習者

Lv.2 グラウンドストロークの基本

Menu.05 ランニングショット
▶ 走りながら打つときの身体の使い方

「素早く落下点へ!」

コート1面分走っても、打球時は身体を安定させた状態で打とう。できるだけ早く落下点へ移動すると、安定した体勢で打てる。

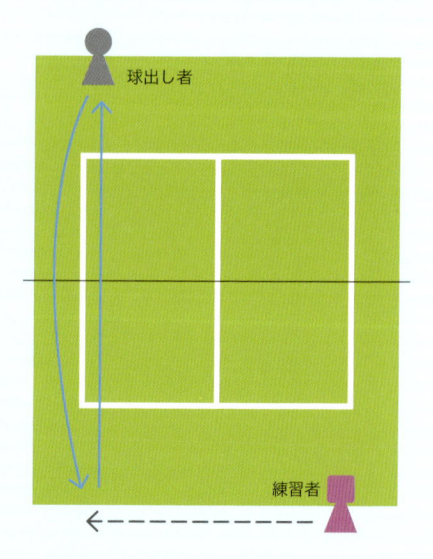

やり方　人数：3人以上

❶ 練習者はクロスのポジションで待球姿勢をとる。
❷ 相手側のコートにいる球出し者はストレートへ山なりのボールをラケットで球出し。
❸ 練習者はクロス地点から逆クロス地点へ走り、左ストレートへ返球する。1球交替で数人で回る。逆クロスも同様に行う。

球出し者

練習者

レベルアップの コツ
自分の打点を見つけ出す!

試合では、相手の攻撃により走らされて打つ場面が多々ある。その中で、いかにフットワークよくボールの落下点に移動し、体勢を崩さず打てるかが、試合の勝敗を握る。打点と身体の距離が近すぎないか、遠すぎないか、チェックしながらフォームを修正していこう。

Menu.06 フォア&バック連続打ち
▶走りながら連続で打ち、打球後の戻りを意識

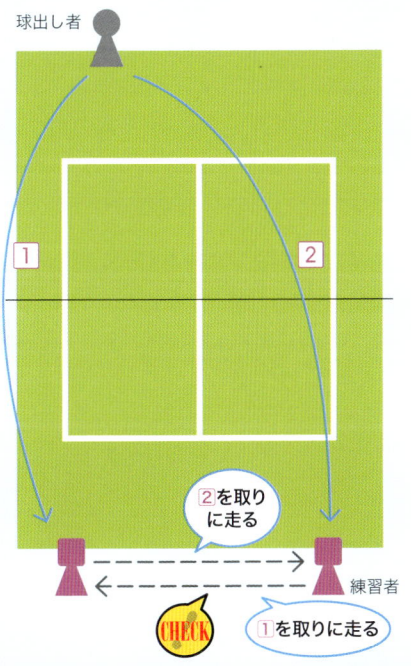

やり方　人数：2人以上

❶ 練習者はクロスのポジションで待球姿勢をとる。
❷ 相手側のコートにいる球出し者がクロスのポジションから山なりのボールをストレートへ球出し（1）。
❸ 練習者はクロスから逆クロスへ走り、ストレートへ返球。その返球されたボールが落下するタイミングで、球出し者はクロスへ山なりのボールを球出しする（2）。
❹ 練習者は逆クロスからクロスへ走り、クロスへ返球。これを1人5往復行う。

CHECK 左右に走らされる中で返球していかなければならないので、体力的に苦しくなると走ることで精いっぱいになってしまい、ボールを打つ体勢などが崩れていくので注意しよう。

2を取りに走る
1を取りに走る
練習者
球出し者

レベルアップのコツ
身体の軸をまっすぐに

ボールを打ったほうに身体が傾いてしまいがちだが、コートの外側になったほうの足でしっかりと踏ん張ると、下半身が安定する。同時に、上半身の軸（背筋）も、できるだけまっすぐに保っていくと、次のボールに対して素早い移動ができる。

左足で踏ん張る！

身体がコート外に流れず、次のボールに対してのスタートが素早くなる。

身体がコートの外側へ傾きそうなのを踏ん張り身体の軸を倒さない。

インパクト後、フォロースルー。

Lv.2 グラウンドストロークの基本

Menu.07 3本打ち ▶ 打つ場所の違いで、打ち方も変える

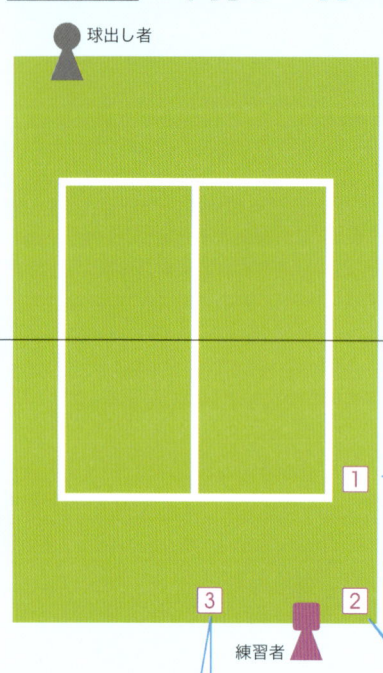

やり方 ＜クロス側＞　　人数：2人以上

❶ 練習者はクロスのポジションで待球姿勢をとる。
❷ 相手側のコートにいる球出し者は、クロスから直線的な速いボール（シュートボール）で①角度のついたクロス、②クロス深く、③センター寄りの順で球出しをする。
❸ 練習者は①〜③の順にボールを打つ。1人3球交替で10周程度。逆クロスも同様に行う。

球出し者

練習者

① 角度のついたクロス

身体の回転を使って打点を前にとり、コンパクトな振りを意識して素早いスイングで打っていこう。

③ センター寄り

右利きの場合、バックハンド、またはフォアに回り込んで打ち返そう。回り込みのときには、身体の回転を意識し、鋭いスイングをしていきたい。

② クロス深く（ベースライン付近）

短い返球になってさらに攻撃を受けないよう、ラケット面でボールを長く押し出して深いボールで返球しよう。

レベルアップのコツ
打点と身体の距離感を意識する

試合で、相手はこちらを少しでも動かして体勢を崩させ、ミスを誘おうとコースをねらってくる。相手に動かされてもミスしないように、常に打点と身体の距離を打ちやすい位置に保つことが基本。そのためには、フットワークよく、落下点に素早く移動し、打点と身体の距離感を一定にしていくことを心がけよう。

Menu.08 10本打ち ▶ 打点の違い、ボールの長さに瞬時に対応

球出し者

やり方　人数：2人以上

❶ 練習者はサービスサイドラインの延長付近で待球姿勢をとる。
❷ 相手側のコートにいる球出し者は、クロスのポジションから順番に、1〜7で攻めるボール、8〜10は甘いボールと、リズムを変えて球出し。
❸ 練習者は実戦を意識して、攻められて走らされてもねばって返球し、最後の甘いボール（チャンスボール）3本をミスなく打ち返す。

球出し　相手が返球しやすい、山なりの甘いボール

（コート図：10, 9, 8 が中央縦一列／3, 1 が中央／6 が左寄り／5, 7 が左／2, 4 が右）

練習者

球出し　シュートボール（4・7は特に鋭角のボールで厳しく）

練習者の動き

1〜7：常に攻められている状況。相手前衛がいるつもりで、高さをつけたコース（ロビングなど）でラリーのリズムを変えるための返球をしていく。

8〜10：相手の攻撃をうまくかわして、チャンスが生まれた状況。攻めのトップストロークで力強く返球していく。

レベルアップのコツ
チャンスボールをミスなく打つ！

実戦ではもちろん、せっかくつかんだチャンスでミスは許されない。トップストロークでは、しっかりボールを身体に引きつけて、身体の軸は崩さずまっすぐにし、身体全体を使ってスイングしていこう。

身体の軸はまっすぐに

ラケットを振り始めると同時に、体重を前足に移動させ、高い打点でインパクト。身体の回転を生かして身体全体を使って振りきっていく。

▶ **Lv.2 グラウンドストロークの基本**

Menu.09 前後のボールの連続打ち
▶ ネット近くに落ちる短いボールに対応

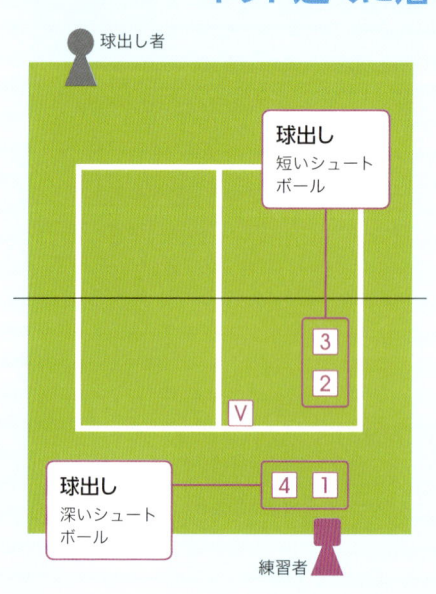

2 のボールを返球するとき

ドライブ回転をかける

ネットにかけないように、インパクト後にラケットをしっかり振り上げてドライブ回転をかけて打ち返そう。

3 のボールを返球するとき

短いボールを返球後、深いボールを打たれたと想定して、すかさずボレーで打ち返す。

やり方　人数：2人以上

❶ 練習者はクロスのポジションで待球姿勢をとる。

❷ 相手側のコートにいる球出し者はクロスのポジションから 1〜4 の順番で球出し。練習者を前後に動かす。

❸ 練習者は、特に 2 3 の短いボールに対して下半身を低くし、ボールに回転を与えることを意識して返球していく。

練習者の動き

1 ：サイドストロークで返球
2 ：短いボールを打って返球
3 ：ボレーで返球
4 ：サイドストロークで返球

バリエーション

ポイントを取りにいく応用練習。1〜3 までは、Menu.09と同じだが、4つ目の球出しを V へチャンスボールに変えて、スマッシュで返球する。

V スマッシュ

実戦でローボレーを打った後、山なりのボールが上がってきたと想定してその場でスマッシュを打つ。

4球目はスマッシュで返球！

Menu.10 打ち分け（2対1）
▶ 苦しい状態でもコート深くに返球

やり方　人数：3人

❶ 練習者はクロスのポジションで待球姿勢をとる。
❷ 相手側コートには球出し者2人がそれぞれクロス、逆クロスのポジションに入る。
❸ 練習者は、球出し者2人に交互に返球し、ラリーをする。球出し者も練習者の状況を見ながら、走らせたり、角度のついたコースを攻めたりする。
❹ 練習者も、球出し者も、チャンスボールがきたら強く打ち込んでいく。

※逆クロスのポジションも行う。

> 球出し者は、どうしたら練習者を走らせられるか考えよう！

POINT

1球1球、軸足をしっかり決めて打ち返していけば、ミスショットはなくなります。走らされても、あきらめない心を鍛えていけるか、それが上達のカギになります。

レベルアップのコツ
次のボールに備えて待球姿勢を

練習者は走らされ、体力的にも精神的にも厳しい練習となる。打球後、体勢を崩すと次のボールに対しての移動が遅くなるので、常に身体の軸をまっすぐにして体勢を崩さないこと。打球後もできるだけ早くポジションに戻り、次のボールに対して準備することを心がけよう。

▶ Lv.2 グラウンドストロークの基本

Menu.11 打ち分け(3対1)
▶ 2対1よりも厳しい体勢で返球

やり方　人数：4人

❶ 練習者はクロスのポジションで待球姿勢をとる。
❷ 相手側のコートには、球出し者3人がクロス、センター、逆クロスのポジションにつく。
❸ 球出し者3人は練習者の状況を見ながら、走らせたり、角度のついたコースを攻めたりしてラリーを続ける。
❹ 練習者の返球はどのコースでもよい。ただし、常に背筋をまっすぐにして体軸を傾けないように意識して返球していく。

> **CHECK** 球出し者がMenu.10よりも増え、相手からの返球が早い。そのため、スイングはコンパクトにして、次のボールへの準備を素早く行う。

Menu.12 左右打ち（シングルス対応）
▶ 左右への揺さぶりに負けないフォア＆バック強化

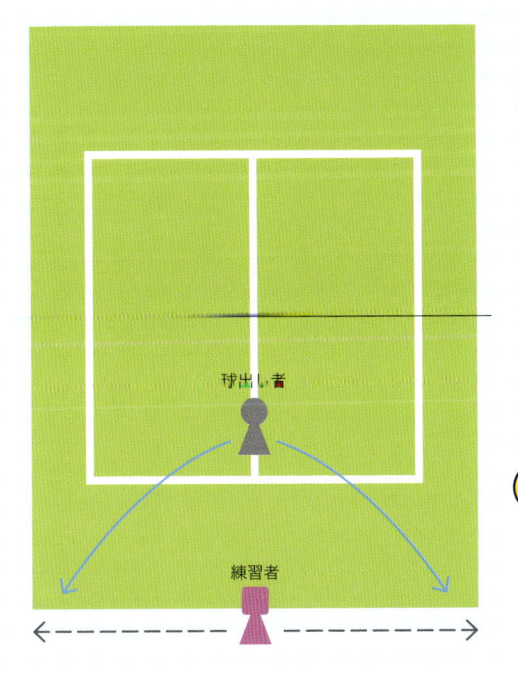

打球後は素早くセンターへ

やり方　人数：2人以上

❶ 練習者はセンター付近で待球姿勢をとる。

❷ 球出し者は練習者の2〜3mくらい前から左右に、手投げで山なりのボールを球出しする。

❸ 練習者は左右のボールをフォア、バックで返球。連続でミスなく打ち続けるためには、打球後は素早くセンターへ戻り、次のボールに対して待球姿勢をとることが大切。

❹ 球出し者は練習者の状況を見て、より遠い地点へと上げボールをしていく。1人10球交代×3セット。

CHECK 打球後、身体がコート外側へ崩れていかないよう、コートに対して外側の足で踏ん張り、センターへ移動する。

Lv.2 グラウンドストロークの基本

Menu.13-1　10人ストローク ▶ 様々なコースでラリー

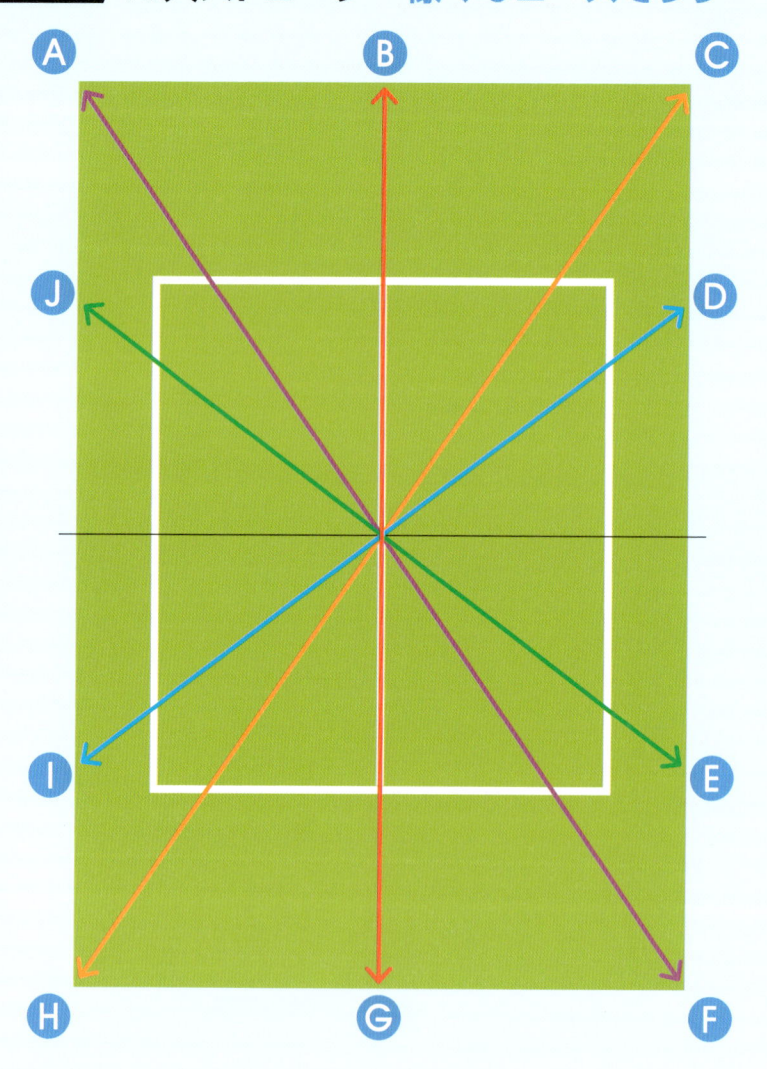

やり方　人数：10人

1. 図のⒶ～Ⓙの地点に練習者が入る。
2. それぞれに5コースでラリー（乱打）をする。
3. 練習者は、打つ距離が短ければコンパクトなスイング、打つ距離が長ければボールを長く押し出していく。
4. ポジションを3分ごとに移動して全コースを回る。

- Ⓐ対Ⓕ：クロス
- Ⓑ対Ⓖ：ストレート
- Ⓒ対Ⓗ：逆クロス
- Ⓓ対Ⓘ：逆クロスの鋭角
- Ⓔ対Ⓙ：クロスの鋭角

人数の多いチームでは非常に効率のよい練習

コート1面で一度に10名の選手が練習できるうえ、様々なコースでラリーができる。

Menu.13-2 10人ストローク（変形バージョン）
▶ 1つの場所から様々なコースを打つ

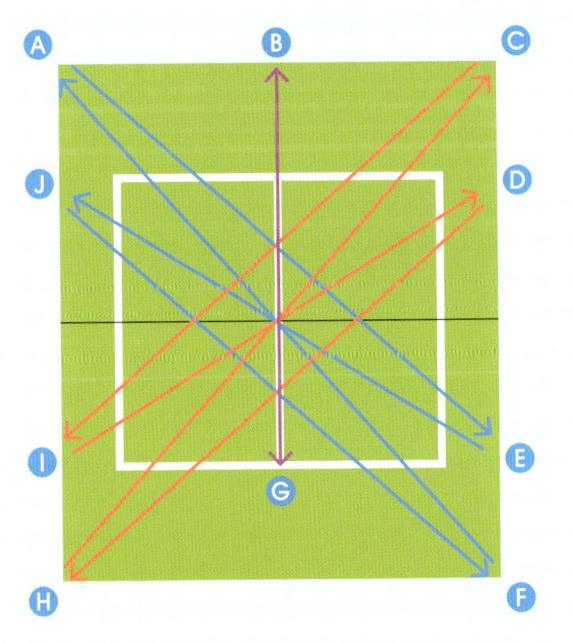

やり方　人数：10人

❶ 図の Ⓐ～Ⓙ の地点に練習者が入る。
❷ 図のような3コースでそれぞれ乱打をする。
❸ 身体やラケットの向きを打ちたいコースへしっかりと向けて打っていく。
❹ ポジションを3分ごとに移動して全コースを回る。

◎コース1
Ⓐ→Ⓔ→Ⓙ→Ⓕ→Ⓐ‥‥

◎コース2
Ⓑ→Ⓖ‥‥

◎コース3
Ⓒ→Ⓘ→Ⓓ→Ⓗ→Ⓒ‥‥

コーディネーショントレーニング❶
2つ以上の動きを同時に行う力を高めよう

Menu.01 ラケット2本でお手玉
▶ ボールを見ながら、同時にバウンド

やり方　人数：1人

❶ 両手にラケットを握る。
❷ それぞれラケット面の上でボールを上に向けてバウンドさせる。長い時間続けられるほどよい。

CHECK 右手、左手でボールのバウンドを合わせるようにするとバウンドが続きやすい。

レベルアップの コツ
ボールの勢いを吸収させる

ボールが落下してきたときに、ボールの勢いをラケット面で弱めてから、ボールを上げるのがコツ。ラケット面でボールの勢いを吸収してから、ボールに力を加えて、バウンドさせる。この感覚はストロークやボレーなど各プレーにもつながる。

| 練習のねらい | プレーを行うときは「走る」「ボールを打つ」などの指令が身体の各部位へ伝わって筋肉などが動いています。この伝達を素早くするのがコーディネーショントレーニングです。プレーを行うときに必要な2つ以上の動きを、同時にバランスよく行えるようになりましょう。 |

Menu.02 ラケットを左右に持ち替えてお手玉
▶ 持ち替えながら、ボールをバウンド

おへそ辺りの高さで、ラケットの持ち替えを行い、ボールは常に身体より前でまっすぐ上げる。

やり方　人数・1人

❶ 右手でラケットを持ち、ラケット面に乗せたボールを上にバウンドさせる。
❷ ボールがバウンドしている間に、右手から左手にラケットを持ち替える。
❸ 左手でラケットを持ち、ラケット面に乗せたボールを上にバウンドさせる。ボールがバウンドしている間に左手から右手にラケットを持ち替える。これを繰り返す。

レベルアップのコツ
身体の軸はまっすぐに！

前かがみや、反対に上半身を反ってしまうと、バウンドしたボールをキャッチしづらい。常に、身体の軸はまっすぐにして、ラケットの移動、持ち替えを最小限の動きで行うと、バウンドを続けやすい。各ショットの基礎になる身体の使い方をここでも鍛えられる。

Column

実力を高めるための
ソフトテニス語録 ❷

ネガティブな言葉は身体の動きを消極的な動きに変えてしまいます。ポジティブに、自分から課題を見つけてそれを解決する努力、練習をしましょう。練習は嘘をつきません。思いの強さが結果に表れるのがソフトテニスです。

ネットは命取り
弱気になってラケットが振れない
結果がネットミス

のぞみは高く
目標を高く設定すること

話の中に宝あり
人の話をきちんと聞ける
選手は強くなる

拾うことにチャンスあり
難しいボールでも
相手コートに返しておく

ヘッドを回せ
手首をやわらかくして
ラケットのヘッドを回すことが大事。
もちろん頭を使うことも大事

ボールに命を込めろ
全身の思いを込めて打ちきること

守りも勝ち
ディフェンスができれば、攻めが生きる

ミスをこわがるな
ミスを考えていたら、
強気なプレーはできない

目は心
目の勢いはその人の心を表す

ゆるす心
ペアのミスに寛大になること。
気持ちが合わないペアは負ける

留守を守れるチームが強い
監督、コーチがいないときに
練習に集中できるチームが強い

ロブは強気で
攻めのロブ、守りのロブも
強気で上げていくこと

Lv.3

ボレー＆スマッシュを決める

ノーバウンドで相手に打ち返すのがボレーとスマッシュ。いずれも得点力の高いショットです。相手のボールを見極めて、ポイントにつなげられるようにしていきましょう。

▶ Lv.3 ボレー&スマッシュを決める

正面ボレー

ノーバウンドで返球するボレーの基本形を覚えよう

ラケットヘッドが後ろにならないようにテークバック

右肩を引く

②右足を1歩前に出す

①左足を斜め前に小さく踏み出す

❶ 待球姿勢からステップ
ネットからラケット2本分後ろで待球姿勢をとってから前へステップ(バックの場合は左右反転のステップ)。

❷ テークバック
軸足(右足)に体重を乗せてボールを身体に引きつける。

正面ボレーはここで使う!
● ネット前で身体の正面にボールが来たとき

POINT
ラケットは大きく動かさないのがポイントです。金づちで釘を打つような小さな動きにしましょう。

ノーバウンドのボールを直線的に打ち返すショットがボレーです。基本となる正面ボレーで、ボレーの基礎力を身につけましょう。ネット前に立ち、身体から近い場所にボールが飛んできたとき、片足を1歩踏み出して取る打ち方です。

　ストロークよりも近い距離で、さらにノーバウンドのボールに対応するため、ボールの勢いに負けないよう、ラケット面をしっかりつくりましょう。

グリップを軽く握る

横

❸ インパクト
インパクト後は、ラケットをまっすぐ前に出す。

❹ フォロースルー
ボールを打ち返した方向にラケット面が向くように面を残す。

レベルアップの コツ
左手を離すタイミングが重要

待球姿勢では、ラケットのシャフトの部分に左手をそえて支えておく。右肩を軽く引き、ラケットを前に振り出すときに、左手を離そう。インパクトではグリップを握る。

▶ Lv.3 ボレー&スマッシュを決める

フォアボレー
ネットに対して斜め前に詰めてボレーしよう

> テークバックは身体よりも前

> 踏み込みはかかとから

> 正面

❶ 待球姿勢
ネットからラケット2本分くらい離れたところで全身をリラックスさせておく。

❷ 右斜め前に詰める
まず左足を1歩踏み出し、そこから右足を大きく踏み出して、素早くスムーズにボールの元へ移動。

❸ テークバック
右肩を引き、軸足（右足）に体重を乗せてためをつくる。

フォアボレーはここで使う!
- フォア側にボールがきたとき
- 相手返球のコースが甘いとき
- 相手返球のコースを読んで止めにいくとき

レベルアップのコツ
踏み込みはかかとから

ネットに対して45度の角度でかかとから入っていくと、スムーズな動作になる。逆に平行に入ったり、つま先から入ると打点が遅れてミスが多くなる。

フォアボレーは、ネットに対して斜め前に詰め、利き手側に飛んできたボールを身体の前で取るショットです。正面ボレーよりも、身体から遠いボールを打つため、ネットに対して斜めに素早く詰めて移動するフットワークが重要です。

相手のボールが、低めの直線的なシュートボールのときや、相手の返球コースが甘いとき、コースを読んでボールの元へ移動し、ボレーしていきましょう。

ラケットは振らずに前に出す

正面

ラケット面を残す

❹ 体重移動～インパクト

踏み込み足（左足）へ体重移動しながら、インパクト。

❺ フォロースルー

打ち返した方向にラケット面を向けておく。

ネットに対して45度の角度で入る！

やりがちな ミス & 対処のコツ

✗ **ラケットを引きすぎ**
打点が遅れてインパクトのときにボールの勢いに負けてしまう。

→ **身体の前でラケット面をつくる**
▶ ラケットを大きく振らずに打てる。

▶ Lv.3 ボレー&スマッシュを決める

バックボレー
ひじを支点にボレーしよう

ネットに対して身体を正面ではなく、直角にひねる（左肩を引く）

正面・足

① 待球姿勢
ネットからラケット2本分くらいのところで全身をリラックスさせておく。

② フットワーク
右足を前に出して、左方向へ動きやすくする。

③ テークバック
軸足（左足）に体重を乗せるとともに、左肩を引く。

バックボレーはここで使う！
- バック側にボールがきたとき
- 相手返球のコースが甘いとき
- 相手返球のコースを読んで止めにいくとき

やりがちな ミス
頭を下げてしまう
ボールの軌道を確認できないうえ、身体もぶれてミスにつながる。高い位置で目線を一定にしよう。

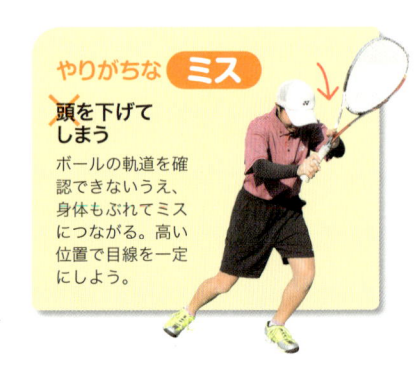

82

バック側に飛んできた相手打球を打ち返すのがバックボレーです。

フォアボレーと違って、バックボレーはネットに対し直角（90度）の角度で軸足を決め、ひじを支点にラケットは大きく振らずにインパクトしていきます。また、ネットに対して身体を直角にひねることで打点の幅が広がります。

バック側のボールが苦手な人は多いものの、一度フォームを身につけてしまえば打ちやすくなっていきます。

ひじを支点に

④ 体重移動
左足にあった体重を踏み込み足（右足）へ移動させていく。

⑤ インパクト
右足へ体重移動させながら、ラケットを前に出してインパクト。

⑥ フォロースルー
ラケット面でボールを押し出すイメージでラケットを振らず、ラケット面を残す。

レベルアップのコツ
左肩を引く

テークバックで上半身を後ろにひねるとき、ラケットも後ろに引きすぎてしまいがち。そんなときは、左肩を引くと、自然と右肩が動いてラケットを引かずに上半身だけをひねることができる。

左肩を引く

ラケットを引かず、テークバックできる

自然と右肩が動く

▶ **Lv.3 ボレー&スマッシュを決める**

ポーチボレー フォアハンド

相手打球のコースを読んでボレーしよう

ポーチボレー(フォア)で返球するとき

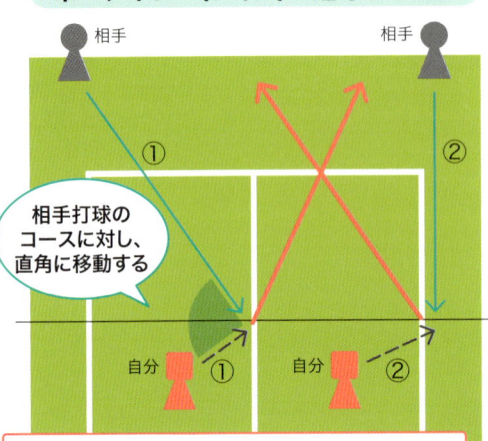

相手打球のコースに対し、直角に移動する

①クロスボレー
クロスのラリーのポジションから、相手の打球をポーチボレーで返す（流し方向）ときに使う。

②ストレートボレー
右ストレートのラリーのポジションから、相手の打球をポーチボレーで返す（引っ張り方向）ときに使う。

❹ フォロースルー
ラケット面を残したまま走り抜ける。

やりがちな ミス & 対処のコツ

手打ちはNG！
走り出しが遅れたり、予想以上に遠いボールのとき、打球地点まで身体が移動できず、手だけでボレーしてしまいがち。

打球地点に少しでも早く着く
▶ 正しいインパクトができる。

84

ネット前の前衛が相手の打球コースを読んで、走り込んでボレーするのがポーチボレーです。打ち返されないように、オープンスペース（打球者がいない場所）をねらって返球していきます。

　ただし、相手に打球コースを変えられてしまうと、ボールに追いつくことが難しくなります。相手がコースを変更できないとき、つまり、ストロークの体勢をとって、前足を踏み込んだときに、前衛は動き出しましょう。

流しの方向へ打つので、打点はやや後ろ気味

クロスボレー

❸ インパクト
オープンスペースへ打つ。

❷ 軸足設定
相手が前足を踏み込んだ時点で、斜め前へと詰め始め、相手の打球コースへ最短距離で移動。

❶ 待球姿勢〜移動
ネットからラケット2本分くらい離れたところで、全身をリラックスさせ、ややひざを曲げておく。

引っ張りの方向へ打つので、打点はできるだけ前

右ストレートのボレー

▶ Lv.3 ボレー&スマッシュを決める

ポーチボレー バックハンド

相手打球に負けやすいので素早く走り出そう

ポーチボレー（バック）で返球するとき

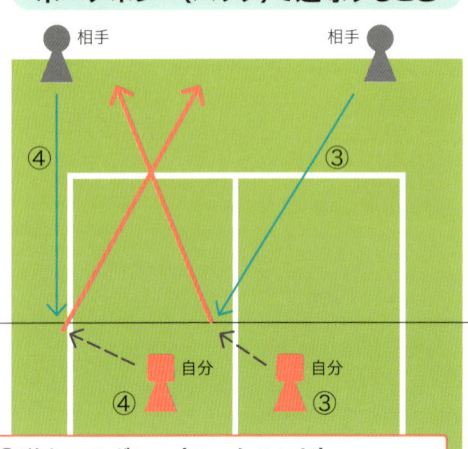

③逆クロスボレー（バックハンド）
逆クロスのラリーのポジションから、相手の打球をポーチボレーで返す（流し方向）ときに使う。

④ストレートボレー（バックハンド）
左ストレートのラリーのポジションから、相手の打球をポーチボレーで返す（引っ張り方向）ときに使う。

逆クロスボレー

1 待球姿勢〜移動
相手が前足を踏み込んだ時点で、斜め前へ詰め始め、相手の打球コースへ最短距離で移動。

左ストレートのボレー

やりがちな ミス & 対処のコツ

ラケット面が遅れる
相手打球の勢いに負け、思ったコースへ打ち返せなかったり、ミスにつながる。

右肩の前で常にボレー
常に右肩の前で打てるようコースへの移動を素早く行おう。

身体の前でボレー

ポーチボレーは、瞬時に相手の打球を取りにいく攻撃的なプレーです。そのため、相手ボールの元へ素早く、最短距離で移動することが大切です。

バックハンドのポーチボレーでは、フォアハンド（利き手）のときよりも打点が前になるので、相手の打球コースへの移動が遅れたりするとインパクト時のラケット面も遅れ、相手の打球の威力に負けてしまいます。バックハンドでは、特にスタートが遅れないようにしましょう。

2 軸足設定
軸足（左足）に体重を乗せ、身体をネットに対して90度の向きにして、インパクトに向けてためをつくる。

3 インパクト
オープンスペースへ打つ。

4 フォロースルー
軸足に乗せた体重をインパクトと同時に前へ移動させる。ラケット面を残して走り抜ける。

左肩を引く
流し方向へ打つので、打点はやや後ろ
ラケット面を残す

左肩を引く
引っ張りへ打つので、打点をできるだけ前に
ラケット面を残す

▶ Lv.3 ボレー&スマッシュを決める

ディフェンスボレー

相手からの攻撃を守り、攻めにつなげよう

● フォアハンド ▶ 右足で踏み込んでインパクト

ラケット、顔はネットよりも高い位置にする

右足と右手が同時に動く

① 待球姿勢
通常のボレーよりもラケット1本分ぐらい前に詰めておく。左足を1歩斜め前に出して軸足設定。

② テークバック
踏み込み足（右足）のかかとから踏み込む。

③ インパクト
右足に体重を乗せ、ラケットをたて面にしてインパクト。

④ フォロースルー
ボールを上から下へ押さえるイメージで、ボールをはじく。ラケット面は残す。

ディフェンスボレーはここで使う!
● 相手が自分めがけて強いボールを打ってきたとき

アドバイス!
恐怖心を取り除くために
ネット前から手投げで上げボールしてもらい、ゆるくて優しいボールからボレーするなど、徐々に強いボールに慣れていくように練習してみよう。また、サッカーのキーパーがシュートを止めるようなイメージでボレーすると怖さも減る。

相手がネット近くから高い打点で、前衛めがけて打つ攻撃的なボールを打ち返すショットがディフェンスボレーです。相手に攻められたときにしっかりボレーで止められれば、失点せずに、反対に攻撃につなげることができます。

速くてパワーのあるボールを受けますが、怖さに負けて前かがみになると、うまく返せません。かえって身体にボールが当たることもあります。

●バックハンド ▶ 左足で踏み込んでインパクト

① 待球姿勢 — 右足を軸足にする
② テークバック
③ インパクト — 左足のかかとから踏み込む
④ フォロースルー — 左足に体重を乗せる

知っておこう　通常のボレーとの違い

通常のフォアボレー　　　　**ディフェンスボレー**

手と足に注目。通常のフォアボレーならば、右足軸足で、左足を踏み込むときにインパクトする。一方、フォアハンドのディフェンスボレーは、右足と右手を同時に下ろして、インパクトする。ボールを上から下へ押さえつけるのがポイント

▶ Lv.3 ボレー&スマッシュを決める

ローボレー フォアハンド

ネットから離れた地点でも確実に返球しよう

ひざを軽く曲げておく

① 待球姿勢
相手がストロークの構えをしたとき、一度止まり、待球姿勢をとる。

② テークバック
軸足（右足）に体重を乗せ、下半身を低くしてひざを曲げる。ラケットはあまり大きく引かない。

③ スイング
右足にあった体重を左足に移動させながら、スイングを始める。

ローボレー（フォアハンド）はここで使う！

- コートの中間地点で、相手にフォア側を攻められたとき
- 相手のボレーなどをノーバウンドで返すとき

レベルアップのコツ

ボールに回転をかけて相手コートへ

ローボレーは、コートの中間地点から低い打点で打ち返すため、ネットを越えにくい。そのため、ドライブ

ローボレーは腰より下の高さに打たれたボールをノーバウンドで打つショットです。

サービスやレシーブの後、前衛がネットに詰めるときなどに、相手から攻められやすいコースで、ミスが多くなるプレーでもあります。

確実に返球するには、ひざをしっかり曲げて腰を低くします。ラケットは横面で、身体全体を使って、ラケットヘッドを上へと引き上げるようにしましょう。

ラケット面は残す

ひざを曲げてインパクト

左足に体重を乗せる

❹ インパクト
ひざを曲げて、身体全体でボールを前へ運ぶイメージでインパクト。

❺ フォロースルー
ラケット面でボールを押し出した横面のまま、上に引き上げてドライブ回転をかける。

回転(バウンド後高く弾む)をかけるのが一般的だが、逆回転のスライス回転(バウンド後低く弾む)でもネットを越えやすい。打球や状況に応じて、回転を使い分けられるとプレーの幅が広がる。

低い体勢から、ラケット面を斜めにし、ボールの下側をラケット面に当て、カットするような感じでインパクト。

▶ Lv.3 ボレー&スマッシュを決める

ローボレー バックハンド
弱点になりやすいバック側も武器にしよう

ひざを曲げる

❶ 待球姿勢
相手がストロークの構えをしたとき、一度止まり、ひざを少し曲げておく。

❷ テークバック
軸足（左足）に体重を乗せ、ひざを曲げる。ラケットはあまり大きく引かない。

❸ インパクト
左足にあった体重を右足に移動させながら、インパクト。

ローボレー（バックハンド）はここで使う！

- コートの中間地点で、相手にバック側を攻められたとき
- 相手のボレーなどをノーバウンドで返すとき

レベルアップの コツ
ボールをカットするイメージで

バックハンドのときは、スライス面で返球するほうがラケット操作をしやすく、ミスをしにくい。ボールコ

バックハンドのローボレーは、バック側の腰より低い打点で打ち返します。ミスをしやすいローボレーの中でも、バック側はさらに攻められやすいコースです。

バックハンドはフォアハンドよりも力を強く入れづらいため、体重を前へ移動させながらインパクトし、ボールを前へ運んでいかなければなりません。

弱点を武器にできるくらいに練習を重ねていきましょう。

ラケット面を残す

身体全体でボールを前へ運ぶイメージ

❹ フォロースルー

ひざを曲げ、ラケット面でボールを押し出し、横面のまま上に引き上げる。ラケット面を残しておく。

ースが思っている以上に自分から遠く、下から引き上げる（ドライブ回転をかける）スイングができない状態なら、スライス面でボールをカットして打ち返してみよう。

インパクトでラケット面を斜めにし、ボールの下側に当てながら、上から下に下ろすようにスイングしていく。

▶ Lv.3 ボレー&スマッシュを決める

ハイボレー フォアハンド

相手のロビングもボレーで攻略しよう

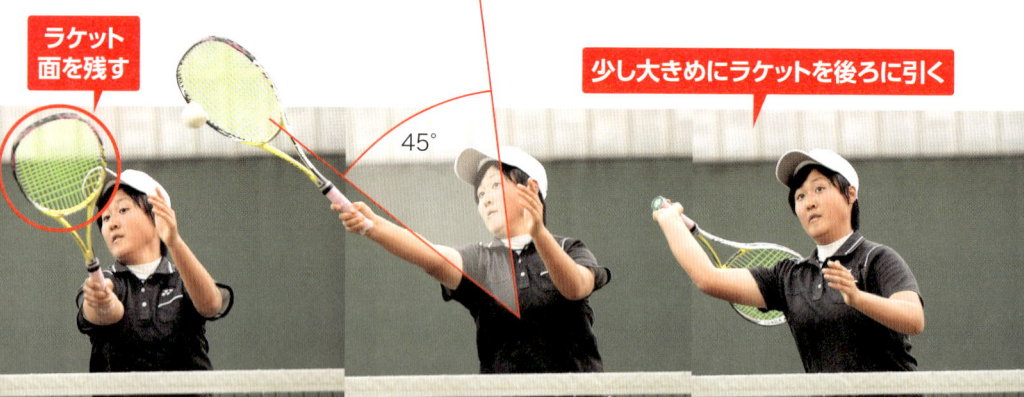

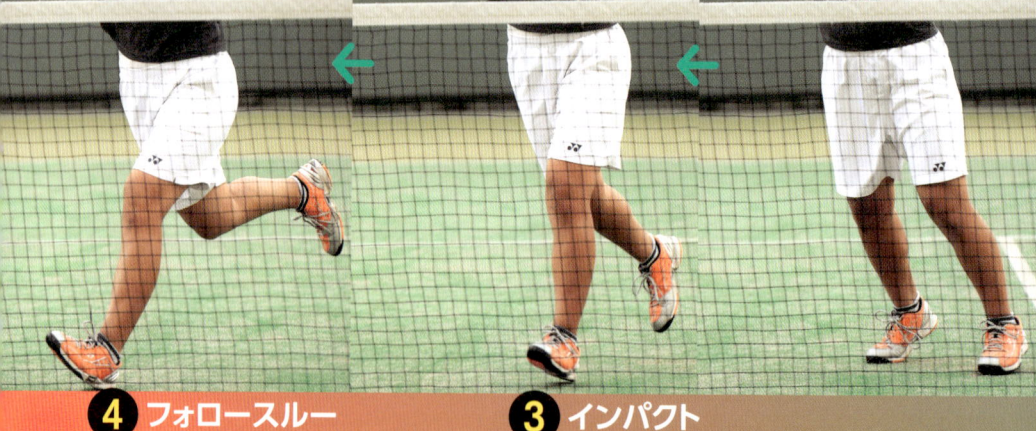

ラケット面を残す

45°

少し大きめにラケットを後ろに引く

④ フォロースルー
ラケットを振ることなく、ラケット面を残してボールをはじく。

③ インパクト
ひねった身体を戻しながら、身体の軸と右腕が45度の角度になる打点でインパクト。

ハイボレー（フォアハンド）はここで使う！

- ネット前にいて、相手がフォア側にロビングを打ってきたとき
- ネット前にいて、頭上でスイングできず、スマッシュが打てないとき

レベルアップの コツ
身体の軸と右腕が45度

自分の頭上でボールをとらえるときは、力を入れにくいもの。ところが、身体の軸と右腕が45度になるよ

相手がロビングで高さのあるボールを打ってきたとき、ネット前の前衛は自分が届く高さなら、ハイボレーで返します。ラケットを上に伸ばせば触れるくらいのボールの高さが目安です。

高い打点でボールをとらえるため、できるだけ早く打点の位置にラケット面を上げましょう。インパクト後はラケット面を残して、打ちたいコースへ方向づけしていきます。

自分の後衛の守備範囲を狭め、パートナーを助けることができます。

> 待球姿勢後、ボールの軌道を見て身体を運ぶ

❷ テークバック
軸足（右足）を決めると同時にラケットを高く引き上げ、テークバックを終える。

❶ 待球姿勢
ネットからラケット2本分くらい離れたところで、全身をリラックスさせておく。

うにすると、力が入りやすくなり、打球後もラケットを振らずに面を残すことができる。苦手な人は、ハイボレーのフォームでカベ打ちをして打球の感覚を確かめる練習がおすすめ。

ボールの軌道が高く、体勢が崩れやすくなる場合もある。苦しい体勢でも、インパクト後はラケット面を残してしっかりコースをねらっていこう。

▶ Lv.3 ボレー&スマッシュを決める

ハイボレー バックハンド

ねらわれやすいバック側のロビングを止めよう

ボールの軌道を見る

ラケットを後ろに少し大きく引く

ひざにためをつくる

① 待球姿勢
全身をリラックスさせておく。

② テークバック
軸足（左足）に体重をかけ、ひざにためをつくる。テークバックをとり、早めにラケット面を上へ引き上げる。

ハイボレー（バックハンド）はここで使う！

- ネット前にいて、相手がバック側にロビングを打ってきたとき
- ネット前にいて、頭上でスイングできず、スマッシュが打てないとき

知っておこう

一番力を入れやすい「ゼロポジション」

簡単にいうと、「肩甲骨と腕が一直線の状態」が一番力を入れやすい状態だといわれている。94ページで

前衛のバック側へのロビングは、相手がよくねらってくるコースです。バック側が苦手な人は多く、前衛がカバーできないと後衛が走ることになります。つまり、相手にとって有効打になりやすいコースです。

そのため、前衛が取れる高さのボールなら、ハイボレーで止めて後衛をしっかりカバーしていきましょう。

フォアハンド同様、ラケットは振らずに面を残しますが、テークバックが少し大きくなります。

ラケット面を残す

❸ インパクト
身体の軸と右腕が45度になる斜め前に打点を取ってインパクト。

❹ フォロースルー
ラケットを振らず、ラケット面を残してボールをはじく。

紹介した「身体の軸と右腕が45度」と同じ考え方。これをゼロポジションという。ソフトテニスのあらゆるプレーにも当てはまり、他のスポーツでも重要視されている身体の使い方だ。両肩を一直線にするには、身体の軸を傾ける必要もある。少し難しく聞こえがちだが、意識するだけで身体の使い方も変わるので、覚えておくと役立つだろう。

左肩と右肩が一直線の状態

写真のように、取れるかどうかわからない難しいボールのときにもゼロポジションを保っている。

▶ Lv.3 ボレー&スマッシュを決める

ヒッティングボレー
チャンスボールがきたら攻めのボレーを打とう

コンパクトなスイングを心がける

ラケットを横面に

❻ フォロースルー
首に巻きつくほど大きなフォロースルーにはせず、ラケット面を残したスイング。

❺ インパクト
インパクト後もストロークのようにラケットを引き上げる。

❹ スイング
ストロークのようにラケットを横面にし、スイングしていく。

ヒッティングボレーはここで使う！
- コート中央あたりにやや山なりに返球されたとき
- ワンバウンドさせずに、ノーバウンドでスイングできるとき
- 攻撃的なショットを打ち、前に詰めたとき

知っておこう
後衛のヒッティングボレー

後衛の攻撃後、相手の返球が甘くなると思ったら、すかさず後衛は前に出てヒッティングボレーをねらおう。

相手のボールが甘く、やや山なりに上がったときはノーバウンドで打ち返すチャンスです。すかさず、攻撃的なヒッティングボレーで強いボールを打ち返していきましょう。

他のボレーと違って、ストロークのように振り抜いていきます。ノーバウンドでストロークしていくときのようなコンパクトなスイングです。

なお、バックハンドでヒッティングボレーをするのは非常に難しいため、基本的にはフォアハンドで行います。

> ボールを引きつける

> やや山なりの甘い返球がくると判断！

❸ テークバック
テークバックを大きくし、自分の身体にボールを引きつけて十分なためをつくる。

❷ 体重移動
軸足（右足）に体重を乗せ、身体をひねる。

❶ 待球姿勢
サービスエリアの中間からサービスラインくらいの位置で、全身をリラックスさせておく。

ノーバウンドで返球する分、相手が準備する時間が減るので、効果的な攻撃になる。

> ノーバウンドで打つストロークというイメージでトライしていこう

> 甘い返球がきたらすかさず前へ！

▶ Lv.3 ボレー&スマッシュを決める

スマッシュの打点
他のショットよりも高い打点を意識しよう

ラケットヘッドは下げておく

ボールの軌道を見る

① 待球姿勢
ネットの前にポジションをとり、全身をリラックスさせておく。

② 落下点へ移動
ネットに対して90度に向き、クロスステップで落下点まで素早く移動する。

③ テークバック
軸足（右足）に体重をのせて、上半身をひねる。

スマッシュはここで使う！
- 相手の返球が短く、山なりのゆるい球のとき
- 相手がロビングを打ったとき

POINT
打点が低くなると、上から下へのスイングができません。振り遅れるとボールは高く上がり、アウトなどのミスにつながります。常に高い打点を心がけましょう。

頭上の高い打点からラケットを振り下ろし、パワーのある速いボールを打ち込むのがスマッシュです。上から下へ打ち下ろす破壊力抜群のショットで相手を攻撃できます。

ボールの落下点まで素早く移動していき、身体より前の一番高い打点でインパクトすることが、スマッシュをミスなく打つためのコツです。

一番高い打点になるように

しっかりと踏み込む

④ ラケットを振り始める
上体のひねりを戻しながらラケットヘッドを振り上げ、右足にのせた体重を左足へと移動し始める。

⑤ インパクト
一番高い打点でボールをとらえる。

⑥ フォロースルー
体重を前足にのせてラケットを上から下へ振りきる。

やりがちなミス & 対処のコツ

利き腕が曲がる
インパクト時の打点が下がり、アウトなどのミスにつながる。

体重が前にのっていない

ひじが伸び、高い打点でとらえている

しっかり踏み込んで打とう

腕をしっかりと伸ばす
▶ラケット面とボールがまっすぐに当たり、最も高い打点でスマッシュを打てる。

▶ Lv.3 ボレー&スマッシュを決める

スマッシュのフットワーク
素早く移動して落下点に入れるようになろう

腕を曲げてひじを高い位置にキープ

❶ 待球姿勢
ネットからラケット2本分くらい離れたところで、全身をリラックスさせておく。

❷ 落下点へ移動
ネットに対して90度に身体の向きを変え、クロスステップで後ろへ下がる。

❸ テークバック
落下点に入り、軸足（右足）に体重を乗せて、上体をひねる。

レベルアップの コツ　クロスステップを意識する

身体の前で片足ずつ交差させて移動する。落下点に入るためのフットワークは重点的に練習してみよう。

スマッシュをミスなく打つための秘訣は、落下点までの素早い移動です。素早いフットワークで、高い打点をとりやすくなります。

後ろの落下点に移動するときは、顔は正面を向いたまま、身体をネットに対して90度に向け、クロスステップを使うと身体が上下に動かず、バランスよく早く後ろに下がることができます。

右肩は前に

左肩は後ろに

④ スイング
左足で踏み込み、右足に乗せた体重を前に移動させながらスイング。

⑤ インパクト
上半身をひねり戻して、高い打点でインパクト。後ろにあった右肩は前に、左肩は後ろにいく。

⑥ フォロースルー
左足に体重を乗せ、ラケットをしっかりと振り下ろす。

アドバイス!

手投げの上げボールで練習

いきなり深いボールを追うのは難しいので、ネット前からの手投げで、山なりの上げボールから始めて、距離を徐々に延ばし、最後は相手コートからラケットで上げボールしてもらおう。段階を追って練習することがスマッシュの上達への近道だ。

> 一番高い打点で打てるように、落下点を予測し、素早く移動する練習をしよう

103

▶ Lv.3 ボレー&スマッシュを決める

回り込みのスマッシュ
相手のロビングをバック側でも叩けるようにしよう

① 待球姿勢
ネットからラケット2本分くらいのところで、全身をリラックスさせておく。

② 下がる
ネットに対してバック側に身体を向け、クロスステップで斜め後ろに下がる。

③ 身体を反転させる
ボールの予想落下点に身体を移動し終える前に身体の向きを反転させる。

回り込みのスマッシュはここで使う！

- バック側にロビングが飛んできたとき
- 相手が打ちそこなった山なりで短いボールがバック側に飛んできたとき

アドバイス！
スマッシュの打ち分け

相手にフォローされないために、スマッシュを打ち分けよう。引っ張り方向に打ちたい場合は打点を前にとり、流し方向に

トップ選手でもバックハンドでスマッシュを打つことはほとんどありません。バック側に打たれた山なりのボールをスマッシュするときは、フォア側に回り込んで打ちます。

最初はバック側に身体を向けてボールを追いかけていきますが、下がる途中で身体を反転させてフォア側に回り込むことで力強いスマッシュが打てるのです。

右ひじを高い位置に

ラケットを振りきる

後ろから前へ体重移動

❹ テークバック
軸足（右足）に体重を乗せ、右ひざにためをつくり、上半身をひねる。

❺ インパクト～フォロースルー
ラケットを振り上げてスイング。同時に、右足の体重を踏み込み足（左足）に移動させる。

打ちたいときは打点をやや後ろ気味にとる。いずれもフォロースルーから打ち終わりまで、打った方向に胸が向くようにスイングしていこう。

引っ張り

◀踏み込み足（左足）を引っ張り方向に向け、インパクト後も打った方向に身体を残す。

▶踏み込み足（左足）を流し方向へ向け、インパクト後も打った方向に身体を残す。

流し

105

▶ Lv.3 ボレー&スマッシュを決める

ジャンピングスマッシュ
試合で使う実戦的なスマッシュを覚えよう

身体の軸はまっすぐにして、さらに上半身をひねる

❶ 落下点でテークバック
軸足（右足）に体重を乗せ、上半身をひねってテークバックを完了させる。

❷ ジャンプ
軸足で踏み切ってジャンプ。ラケットを振り上げ、振り下げるための回転力をつくる。身体を前かがみにしない。

ジャンピングスマッシュはここで使う！
- 相手のロビングを追い、落下点に身体が入りきれなかったとき
- スマッシュを打ちたいが、地面に左足が踏み込めないとき

POINT
空中で身体の軸が曲がってしまうとスイングできません。身体の軸をまっすぐにして、スイングすることを意識しましょう。

実戦では、落下点まで身体が移動しきれないことも多いものです。そんなときでも打点を身体の前でとるために、ジャンプをしてスマッシュを打つのがジャンピングスマッシュです。

軸足（右足）でジャンプをし、上半身のひねり戻しの回転力を使って、空中で上から下へスイングしていきます。

身体の軸はまっすぐ

❸ テークバック〜インパクト
ひねった上体を戻し始めると同時に、ラケットを振り上げ、インパクト。

❹ フォロースルー
軸足と反対の足で着地し、打った方向に胸を向ける。

ジャンピングスマッシュを打てない！

やりがちな ミス ＆ 対処のコツ

✗ 打点が身体の後ろになる
上半身をひねってラケットを上から下へスイングすることができない。

相手のロビングを予測してできるだけ早く落下点に移動
▶ 身体の前で打点を合わせることができる。

107

▶ Lv.3 ボレー&スマッシュを決める

前進スマッシュ
浅く山なりのボールを前に詰めて打ち込もう

右ひじを高い位置に

軸足（右足）を前に出して軸足設定

❶ 前に移動
コート後方から落下点に向けて進む。

❷ テークバック
軸足（右足）を前に出しながら、身体をひねり、ためをつくる。

前進スマッシュはここで使う！

- 自分よりも前の場所に、相手がゆるい山なりのボールを打ってきたとき
- ベースライン付近から攻撃的なボールを打った後、相手が浅く山なりの返球をしてきたとき

POINT
ボールの落下を待ち切れず、前かがみになったりして、早く打球してしまうとネットなどのミスにつながりやすくなります。焦らずしっかり「1」をつくりましょう。

実戦の中で、相手が浅く山なりのボールを打ったら、ワンバウンドさせることなく、前進スマッシュで前に詰めてノーバウンドで打ち返しましょう。

前進して軸足を決めたら、しっかりと左足を踏み込んでラケットを振り抜いて打っていきます。

ノーバウンドで打つショットは、ワンバウンドさせて打つショットよりも返球時間が短くなります。相手に次の動きの準備をさせず、ミスを誘うことができます。

身体の前に打点をおく

❸ スイング
インパクトのタイミングをはかりながら、左足を前に出し始める。

❹ インパクト
右足に乗せた体重を踏み込み足（左足）に移動させながら、身体の前に打点をおく。

❺ フォロースルー
左足に体重を乗せて、ラケットを振り抜いていく。

レベルアップのコツ
身体にボールを引きつけて打つ！

ボールが落下してくるタイミングに合わせ、軸足を前に出して、ためをつくろう。しっかりと自分の身体の近くにボールがくるまで待ち、ボールを引きつけた状態でラケットをスイングしていく。

軸足をつくってから、ボールの落下に合わせてラケットをスイングしていこう。

「1」をつくる

▶ Lv.3 ボレー&スマッシュを決める

文大杉並流！ボレー&スマッシュ練習
ノーバウンドで打ち返すタイミングを身につけよう

Menu.01 ラケット面合わせ
▶ ボールの当たる感触（ボールタッチ）をつかむ

やり方　目安：10分

❶ 練習者はネットからラケット2本分くらい離れたところに立つ。

❷ 球出し者はベースライン付近から直線的なボールを上げボールし、練習者がフォアボレーをしていく。続いてバックボレーも行う。

練習者側／球出し者側

ストレート3コースで行い、それぞれフォアハンドとバックハンドの割合は練習者が自分で決めて行う。

インパクト時にボールの勢いをラケット面で吸収するようなイメージ

しっかりボールの勢いをラケット面で受け止めて、ボールをはじく。

レベルアップのコツ
試合前もボールタッチを確認！

Menu.01のラケット面合わせは、ノーバウンドで返球するネットプレーを行うための土台となる練習。ラケット面でボールをはじくタイミング、インパクトでのボールの感触など、ラケット面を通して感じとれるようにしておこう。日々の練習はもちろん、大会会場などで練習スペースが狭いときでも、ラケット面合わせならそれほど広いスペースは必要ないので、試合前にはぜひ行っておきたい。

練習のねらい ボレーやスマッシュなどのネットプレーは、ボールを取りにいくタイミングをつかむことと、連続プレー（ボレー後、相手の短い山なりの返球をスマッシュしにいくなど）をできるようになることが大切です。ノーバウンドで打つネットプレーの技術を身につけましょう。

Menu.02　6コースボレー
▶各コース、ボレーしにいくタイミングをつかむ

球出し者の手からボールが離れたときにボレーのスタートを切ろう

やり方　人数：2人以上

❶ 練習者はネット前に立ち、球出し者が 1〜6 の各コースへ、1コースずつ直線的なボール（シュートボール）を上げていく。

❷ 練習者は1コースにつき1球ずつポジションに入り、移動してボレーしにいく。1コースにつき、5分ずつ程度行っていく。

練習者は3〜4人ずつぐらいで、1コースにつき1球ずつ交代してボレーしていく。

1〜3 の場合　　4〜6 の場合
球出し者　　　　　球出し者

3　1　　5　　　2　　4　6

バリエーション －ラリーの中でボレー－

Menu.02の上げボールを応用して、今度はラリーの中でボレーを取りにいく練習に取り組んでみよう。球出し者2人が各コートに入り、球出し者1が上げボールを出し、球出し者2が実践同様のストロークをする。そのボールを練習者がボレーする。

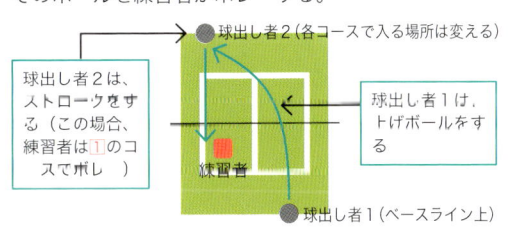

球出し者2（各コースで入る場所は変える）
球出し者1は、上げボールをする
球出し者2は、ストロークをする（この場合、練習者は 1 のコースで返し）
練習者
球出し者1（ベースライン上）

練習者側の返球コース
- 1 ：ボレー（左ストレート）
- 2 ：ボレー（クロス）
- 3 ：ディフェンスボレー（左ストレート）
- 4 ：ボレー（右ストレート）
- 5 ：ボレー（逆クロス）
- 6 ：ディフェンスボレー（右ストレート）

より実戦に近い練習になる！

111

Lv.3 ボレー&スマッシュを決める

Menu.03 移動ボレー&スマッシュ
▶ ボレー、スマッシュを連続して打つ

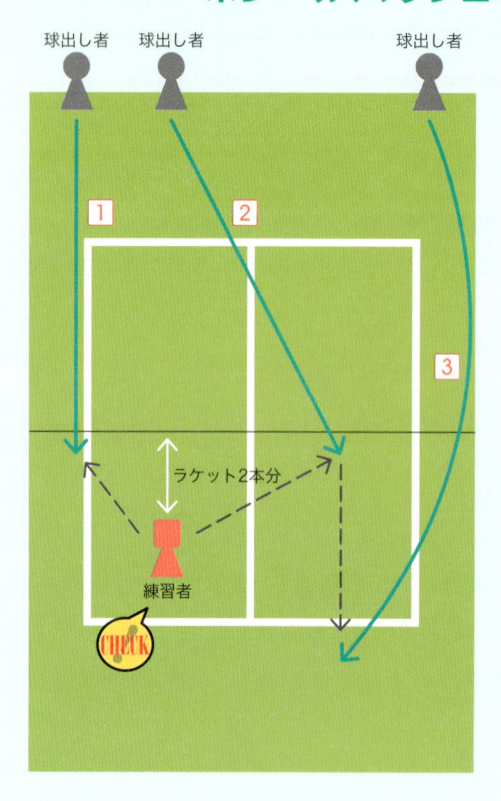

やり方　人数：4人

❶ 図のように、練習者の前衛は逆クロスポジションに立つ。球出し者はクロス、逆クロスに立つ。

❷ 1〜3の順番で球出しされるボールに対して、前衛はボレー、ボレー、スマッシュの順で（クロス展開）、連続で返球していく。逆クロス展開も行う。

練習者の動き1（クロス展開）
1：ボレー（左ストレート）
2：クロスボレー
3：右ストレートのスマッシュ

練習者の動き2（逆クロス展開）
1：ボレー（右ストレート）
2：逆クロスボレー
3：左ストレートのスマッシュ

CHECK
前衛のポジション取り（→182ページ）も意識すると、より効果的な練習になる。

> 1プレーごとに体勢が崩れないように身体の軸は常にまっすぐ

プレー後はすかさずポジションに戻り待球姿勢をとって、次のボールに対して準備をしよう。

Menu.04 10本連続打ち
▶ 連続でミスなく、ボレー、スマッシュを打つ

やり方　人数:3人以上

❶ 練習者は逆クロスのベースライン付近で待球姿勢をとる。球出し者はクロス、逆クロスへ入る。
❷ 1～10の順番で球出しされたボールを、練習者が打ち返す。逆サイド（クロスのベースライン付近からスタート）でも行う。

動きが激しいため、体力アップの効果もある！

球出し者→練習者の動き

1 ：シュートボール
→ローボレーで返球
2 ：チャンスボール
→ヒッティングボレーで返球
3 ：シュートボール
→左ストレートのボレーで返球
4 ：シュートボール
→クロスボレーで返球
5 ：ロビング
→右ストレートのスマッシュで返球
6 ：シュートボール
→ローボレーで返球
7 ：チャンスボール
→ヒッティングボレーで返球
8 ：シュートボール
→右ストレートのボレーで返球
9 ：シュートボール
→逆クロスボレーで返球
10 ：ロビング
→左ストレートのスマッシュで返球

※クロス側の球出し者：3 4 6 7 10
　逆クロス側の球出し者：1 2 5 8 9

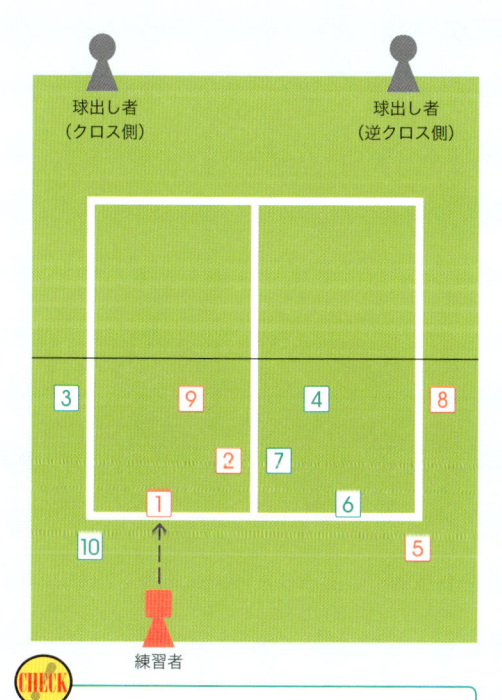

CHECK 実戦同様、球出し者が打つ体勢に入ったら、1球1球いったん止まり、待球姿勢をとり、体勢を安定した状態にしてミスなく打つ。

Lv.3 ボレー&スマッシュを決める

Menu.05 8本打ち ▶ コースをねらい、チャンスを確実に決める

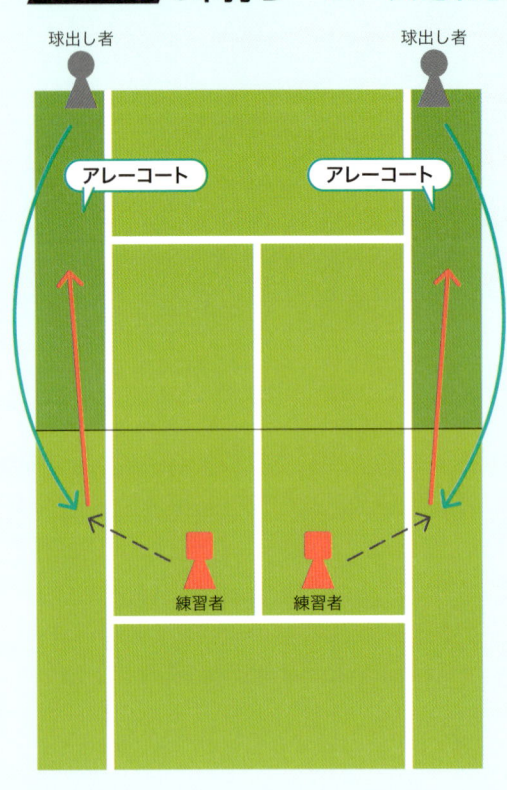

やり方　人数：4人以上

❶ 図のように、ストレート2コースで練習者はサービスラインに立つ。
❷ 相手側のコートのベースライン付近にいる球出し者は、山なりで短めの遅いボールをストレートに球出しする。
❸ 練習者はそれぞれストレートに上がってきたチャンスボールを、図のサイドラインとサービスサイドラインの間の部分（＝アレーコート）にボレーで打ち返す。8本連続、ノーミスでできるまで行う。

練習の始めに構える場所

目印にコーンを置くとよい

すぐに動き出せるようにリラックスした状態で待球体勢をとっておく

CHECK

CHECK 軸足のためを生かして、身体にボールを引きつけ、コースをねらっていく。

Menu.06-1 30秒間ボレー① ▶ 1球ずつ素早くポジションにつく

やり方 人数:2人以上

❶練習者は、ネットからラケット2本分くらい離れた、ネットにかけられた黄色の布の位置（中央）に立つ。
❷球出し者は、相手側コートのセンターマーク付近から、フォア、バック交互に、ネットの青の布の場所へシュートボールを打つ。
❸練習者は30秒間、フォア、バックを交互にボレーしていく。

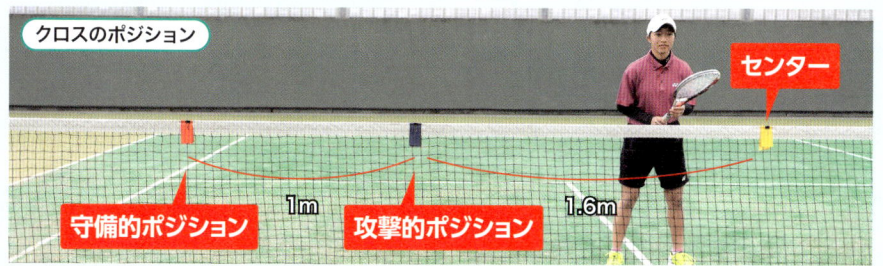

- 球出しするところ
- 練習者
- 身体の軸を傾けず、足を細かく動かすことで素早く移動しよう

- クロスのポジション
- センター
- 守備的ポジション
- 攻撃的ポジション
- 1m
- 1.6m

センターから青は1.6m、赤は青から1m離れたところにつける。

アドバイス！
ポジショニングでも攻守の切り替えを！

上の写真のネットの目印は、攻撃的なポジション、守備的なポジションを瞬時に判断できるようにするためのもの。青の目印は攻撃的、赤の目印は守備的なポジションとなる。攻守のポジションの切り替えを素早くするための練習としては、写真のようにクロスのポジションの目印を使う場合、ダブルスで後衛同士がクロスで乱打をし、ネット前についた前衛が1球1球ボールによって、素早くポジションを攻撃的、守備的と切り替えるようにするとよい。逆クロス、左右ストレートの各コースでも行う。

バリエーション－スマッシュ－

Menu.06-1の30秒間左右交互のボレーが終わったら、続けてセンター付近にスマッシュの上げボールをし、スマッシュノーミス5本を追加する。また、30秒間左右スマッシュの練習も行ってみよう。

Lv.3 ボレー&スマッシュを決める

Menu.06-2 30秒間ボレー② ▶ 相手の足の向きでコースを判断

流しのコース

相手の踏み込み足を見る!

練習者

球出し者は流しのコースに踏み込み足を向けて（クローズドスタンス）、上げボールをする。

引っ張りのコース

練習者

球出し者は引っ張りのコースに踏み込み足を向けて、上げボールをする。

やり方　人数：2人以上

❶ Menu.06-1（115ページ）と同じポジションにつく。
❷ 球出し者は左右交互に、引っ張りのコースに打つ場合（写真下）、流しのコースに打つ場合（写真上）で踏み込み足の向きを変えて上げボール。交互の球出しの後は、左右ランダムに。
❸ 練習者は球出し者の踏み込み足の向きを見て、引っ張りのコースか流しのコースか判断し、30秒間ボレーを取りにいく。

※人数が多いときは、球出しをスムーズにするために補助者をつける。

流し 正面

相手がテークバックし、踏み込んだ瞬間の足の向きで、ボールのコースの向きを判断!

引っ張り 正面

Menu.06-3 30秒間ボレー③ ▶ 相手の肩の向きでコースを判断

やり方　人数：2人以上

❶Menu.06-1（115ページ）と同じポジションにつく。
❷球出し者は左右交互に、引っ張りのコースに打つ場合（写真下）、流しのコースに打つ場合（写真上）で肩の向きを変えて上げボール。交互の球出しの後は、左右ランダムに。
❸練習者は球出し者の左肩（利き腕の逆側）の向きを見て、引っ張りのコースか流しのコースか判断し、ボレーを取りにいく。

流しのコース

球出し者

肩が内側に入る

球出し者は、左肩を身体の内側に入れるようにテークバックし、打球後は流しのコースに身体を向けて上げボールをする。

相手のテークバックで、左肩が入っているか、開いているかを見て、ボールのコースの向きを判断！

引っ張りのコース

球出し者

肩が開いている

球出し者は左肩を開いてテークバックし、打球後は引っ張りのコースに身体を向け、上げボールする。

117

▶ Lv.3 ボレー&スマッシュを決める

Menu.06-4 30秒間ボレー④ ▶ 相手の打点でコースを判断する

●流しのコース

球出し者

球出し者は打点をやや後ろにして上げボールをする。

●引っ張りのコース

球出し者

球出し者は打点を前にして上げボールをする。

やり方 人数：2人以上

❶ Menu.06-1（115ページ）と同じポジションにつく。
❷ 球出し者は左右交互に、引っ張りのコースに打つ場合（写真下）、流しのコースに打つ場合（写真上）で、打点前、打点後ろと打点の位置を変えて上げボール。交互の球出しの後は、左右ランダムに。
❸ 練習者は球出し者の打点の位置を見て、引っ張りのコースか流しのコースか判断し、ボレーを取りにいく。

> 打球者がテークバックし、打球時の打点が前か、後ろかで引っ張り方向か流し方向か判断する

POINT

Menu.06-1～4で前衛は相手の打つコースや球種を判断して、ボレーができるようになりましょう。相手がテークバックしてからインパクトする瞬間までの短時間で、相手の「足の向き」「肩の向き」「打点の位置」に注目する習慣をつけることが大切です。

Menu.07 　**30秒間ランダムボレー**
▶ 打球者の打つフォームからコース、球種を判断

「相手をよく見て判断する！」

相手の踏み込み足、肩（利き腕の逆側）、打点を見てコースを判断し、ボールのスピード、軌道の高さにも合わせて素早く移動し、対応する。

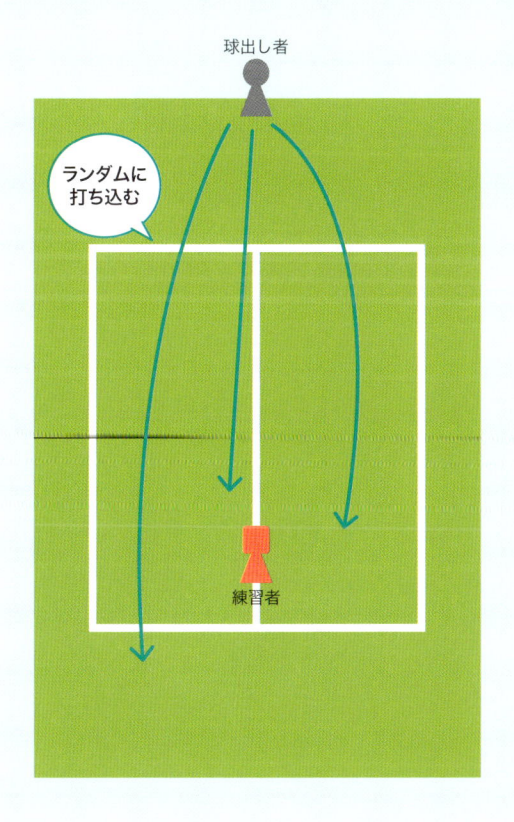

球出し者

「ランダムに打ち込む」

練習者

「練習者は最後にスマッシュ5本をノーミスで打ち込もう！」

やり方　人数：2人以上

❶ 練習者は、センターに立つ。
❷ 球出し者は、相手側のコートのセンターに立つ。コース、ボールの長短、スピードの速さを変えて、ランダムに上げボール。
❸ 練習者は30秒間、ボレーやスマッシュで打ち返す。
❹ 30秒後、球出し者はチャンスボールを出し、練習者はスマッシュ5本をノーミスで入れて終了。

コーディネーショントレーニング❷
ラケット操作や、足の動き、ボールの動きを中心に

Menu.03 フレーム当て ▶ ラケット操作能力を高める

> 常に一定のポイントにボールを当てよう

やり方 人数：1人

❶ラケットをイースタングリップ（包丁握り）で握る。
❷フレームにボールを当てて、バウンドさせる。30秒間続ける。

> 身体を傾けても軸はまっすぐ

レベルアップの コツ

身体の軸は常にまっすぐ！

あらゆるプレーにおいていえることだが、身体の軸がブレると安定しなくなり、ミスにつながる。ただし、もし体勢が崩れても、身体の軸がまっすぐならば（写真右）、バランスを保つことができる。Menu.03で背筋をまっすぐにする力も鍛えよう。

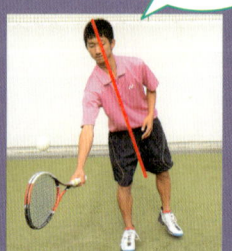

ボールが予測よりもズレた場所にきても、バランスよく安定した体勢を保つことができる。

Menu.04 リバウンド
▶ 足を思い通りに、スムーズに動かす力を磨く

やり方　人数：1人

❶ 利き足の甲でテニスボールをバウンドさせる。これを20秒間続ける。
❷ 利き足ができたら、反対の足でも20秒間、バウンドさせる。

POINT
自分の足を思い通りに動かすことができれば、フットワークが安定し、ミスも減ります。

身体の軸はまっすぐに

足の甲の一定の場所に当てるようにすると、ボールをコントロールしやすい

バウンドをひざの高さくらいにまで上げ、高さを一定にするとリズムが生まれ、バウンドも続く。

Menu.05 ボール2個でポンポン
▶ 相手と自分の距離感を考え、ボールをバウンドさせる

やり方　人数：2人

❶ 2人組になり、それぞれ1個ずつテニスボールを持つ。
❷ 2人同時に、持っているボールを打ち、ワンバウンドさせて相手に受けさせる。そのボールをまた、ワンバウンドさせ、相手に返す。これを繰り返す。1分間に何往復できたか数える。
❸ 常に、相手との距離の3分の2くらいの位置にボールをバウンドさせ、バウンドの高さは相手の胸からおへそ辺りの高さにする。

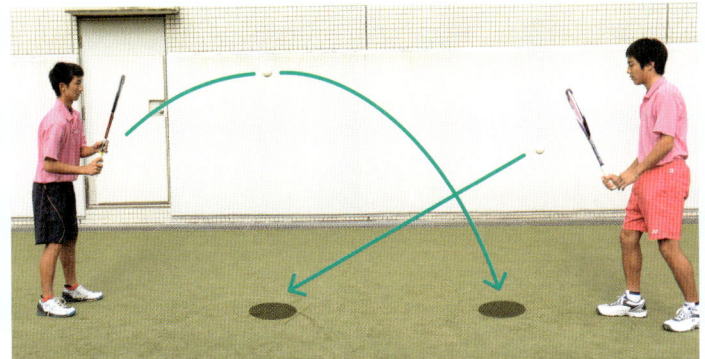

お互いに、相手の受けやすい場所へバウンドさせることを意識すれば、自然とボールの打ち合いは続く。

20回→初心者
40回→ベテラン
60回→達人！

Column

勝つための試合、負けるための試合とは?

上手くいかなかった試合ほど、その原因を自分で考え、答えを自分で出して、その練習を根気よく続けることができる選手が上達します。つまり、自分たちのプレーが「負けるための試合」になっていたことに気づけた人は強くなれるはずです。

勝つための試合

- ファーストサービスが10割入る
- ゲームポイントでファーストサービスがセンターに入る
- 攻めのレシーブができる。セカンドレシーブで確実にポイントできる
- ゲームポイントで前衛が動けるレシーブができる
- 前衛、後衛2人ともチャンスボールを一本で決めることができる
- ゲームポイントで前衛、後衛2人とも思い切った攻めができる
- 後衛のミスが少ない（1ゲームに1本以内）
- 前衛のポジションどりが早く、正確
- ポイントがミスの倍
- レシーブミスがゼロ

負けるための試合

- ファーストサービスが入らず、セカンドで攻められ、3球目をミスする
- ゲームポイントでサービスが入らない
- レシーブミスをする。特にゲームポイントでのレシーブミスを連発する
- 後衛、前衛ともチャンスボールのミスをする
- 自分たちのゲームポイントでポーチや思いきった攻めができずにゲームポイントを取れない
- 後衛のミスの数が相手後衛よりも多い
- 前衛がポジションをとれない

次の試合に向けて自分のプレーを振り返る指標にしてみてください

Lv.4
サービス&レシーブでミスをしない

自分のリズムで自由に打つことができるサービスと、相手のサービスを打ち返すレシーブ。しっかりとラリーにつなげていける力を身につけていきましょう。

▶ Lv.4 サービス&レシーブでミスをしない

オーバーヘッドサービスの流れ
スピードと威力のあるボールでゲームを始めよう

ベースラインに対して平行に立ち、軸足（右足）に体重をかける

① 構え
ラケットを持つ右手をひじから曲げ、左手にボールを持って、身体の前で両腕を合わせて構える。

② トス始め
右手を下ろし、ボールを持った左手をまっすぐ上げる。

③ トス
体重を踏み込み足（左足）にかけ、ボールは身体の左斜め前に上げる。

④ テークバック
両足を曲げて、ひざにためをつくる。ラケットはヘッドを下げて、右肩にかついでテークバック。

オーバーヘッドサービスはここで使う！
- ファーストサービスを打つとき
- セカンドサービスを打つとき
- 強く、速いサービスを打ちたいとき

知っておこう
サービスを打つ場所
サービスは、相手のサービスコートへ対角に打ち込む。

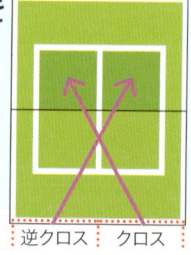

逆クロス　クロス

試合の中で最初に行われるプレーがサービスです。サービスを打つ機会は2回あります。1本目（ファーストサービス）がサービスコートに入らなければ、2本目（セカンドサービス）を打ちます。ただし、2本とも失敗すると失点となるので注意しましょう。

　サービスの中でも、オーバーヘッドサービスは頭上からラケットを振り下ろすので、スピードと威力があります。そのため、多くの選手がファーストサービスのときに使っています。

ラケットを振り抜く

❺ ラケット振り始め
体重を踏み込み足（左足）にかけたまま、ラケットを上へ振り上げていく。

❻ インパクト
高い打点で、ラケット面でボールを前へ押し出す。ボールの軌道が地面に平行になるイメージで打つ。

❼ フォロースルー
上から下へラケットを振り抜く。

打つ前に、足が点線のラインにかかったり、外に出たりすると、サービスのチャンスが1回減る（フットフォールト）。

レベルアップのコツ
「一直線」を意識

オーバーヘッドサービスは、インパクトで、打点と右腕、右肩、左足が一直線になるようにすると、ボールに最大限の力を与えられる。威力あるオーバーヘッドサービスを打っていこう。

打点
右腕
右肩
左足

125

▶ Lv.4 サービス&レシーブでミスをしない

正しいトスの上げ方
常に一定の場所にボールを上げられるようにしよう

肩の高さくらいでボールを離す

右足に体重をのせる

左足のつま先を上げる

❶ 構える
足を肩幅くらいに広げ、打ちたいコースのねらいを定める。

❷ トス始め
ボールを持った腕をまっすぐ下げる。

❸ トス
ボールを持った腕をまっすぐ上げ、肩の高さくらいでボールを離す。

やりがちな ミス & 対処のコツ

力を入れて握る
5本の指で力を入れて握ってしまうと、トスがまっすぐ上がらない。

ボールは手のひらに乗せる
▶ 手のひらに卵を乗せるように優しく握るとトスがまっすぐ上がる。

ミスなくオーバーヘッドサービスを打つためには、インパクト地点へトスをまっすぐに上げることが大切です。ボールを上げる高さは、自分の身長の1.5〜2倍くらいが目安になります。

常に一定の場所（打点）にトスを上げることができれば、安定したフォームでサービスを打っていけるでしょう。

もしトスがズレると、打つときに打点が低くなったり身体が傾いたりして、ネットになったり、サービスラインを越えてアウトになったりします。

❹ 両足のため

トスアップしながら、両足のひざを曲げてためをつくり、スイングへと入っていく。

やりがちな ミス & 対処のコツ

ひじを曲げ、手首を使ってしまう

トスが曲がったり、前や後ろに行きすぎてまっすぐ上がらないと、身体が傾いてしまい、ミスにつながる。

左肩を支点に左腕全体をまっすぐ上げる

一定の場所にトスを上げることができる。

アドバイス！

一定の場所にトスを上げる練習を！

左肩から動かし、左腕をまっすぐに上げて、一定の場所へトスを上げていくには、写真のようにラケットを置き、<u>トスしたボールがラケット面の上に落ちるように練習してみよう</u>。常にラケット面に落ちるようになれば、一定の場所にトスアップできる。

ここに落とす！

▶ Lv.4 サービス&レシーブでミスをしない

フラットサービス
基本のオーバーヘッドサービスをマスターしよう

ラケットを振り上げ始める

① 両足のため（トス後）
両足に体重を乗せる。ラケットを右肩にかつぎ、ひざを曲げてためをつくる。

② テークバック〜ラケット振り始め
両ひざにためた力を上へ移動させるイメージで、曲げていたひざを伸ばす。

フラットサービスはここで使う！
- 速いサービスを打ちたいとき
- 威力のあるサービスを打ちたいとき
- 確実に、コントロールしたサービスを入れたいとき

レベルアップのコツ
長くボールを押し出す意識

フラットサービスは、ボールに対してラケット面がフラットに当たる。その分、ボールを長く押し

オーバーヘッドサービスはフラット、スライス、リバースといった球種の打ち分けがあります。初心者が初めてオーバーヘッドサービスを打つならば、フラットサービスからマスターするのがよいでしょう。

ラケットはウエスタングリップで握り、ボールに対してラケット面をまっすぐ（フラットに）当てて打つのがフラットサービスです。ボールに回転はかからないので、とても威力があり、スピードのあるサービスが打てます。

球の打点

ラケット面

両目が水平になるように顔はまっすぐ

❸ インパクト

インパクトではボールに対し、ラケット面をフラットに当てる。

❹ フォロースルー

ラケットを振り下ろす。顔をまっすぐにして両目が水平になることで、安定したサービスが打てる。

出すことができるので、パワフルでスピーディーなサービスになる。フォロースルーで振り下ろすものの、押し出す意識を忘れないようにしよう。

ボールをラケット面でまっすぐに押し出す！

▶ Lv.4 サービス&レシーブでミスをしない

スライスサービス
確率よく入るサービスを打てるようになろう

ラケットを振り上げ始める

① 両足のため（トス後）
両足に体重を乗せる。ラケットを右肩にかつぎ、ひざを曲げてためをつくる。

② テークバック〜ラケット振り始め
両ひざにためた力を上へ移動させるイメージで、曲げていたひざを伸ばす。

スライスサービスはここで使う！
- 確実にサービスを入れたいとき
- サービスでコースをねらいたいとき
- レシーバー（相手）を大きく動かしたいとき

レベルアップの コツ

セミイースタングリップから慣れていこう！

初心者はまず、セミイースタングリップでスライ

スライスサービスは、インパクト時にボールの右斜め上をラケット面でこすって回転を与えるので、コントロールがしやすいサービスです。フラットサービスほど威力やスピードは出ないものの、サービスが入る確率が高いため、多くの選手が習得しています。

　セミイースタングリップ（またはイースタングリップ）でラケットを持ったほうが回転をかけやすいため、サービス時は、ストロークを打つ際のウエスタングリップから変えましょう。

球の打点

ラケット面

ラケットを振りきる

❸ インパクト
ボールの右斜め上をラケット面でこするようにインパクトする。

❹ フォロースルー
ラケットを振り下ろす。

ボールの右斜め上をこするために、ラケット面が身体側を向く

セミイースタングリップ

スサービスにトライしてみよう。セミイースタングリップに慣れてきたら、さらにインパクトで回転をかけやすい、イースタングリップ（→16ページ）で練習していこう。

ラケット面を残してそのまま振りきる

131

▶ Lv.4 サービス&レシーブでミスをしない

リバースサービス
相手の不意を突くサービスを打てるようになろう

> ラケットを振り上げ始める

① 両足のため（トス後）
両足に体重を乗せる。ラケットを右肩にかつぎ、ひざを曲げてためをつくる。

② テークバック～ラケット振り始め
両ひざにためた力を上へ移動させるイメージで、曲げていたひざを伸ばす。

リバースサービスはここで使う！
- サービスが単調になったとき
- 相手のレシーブミスを誘いたいとき
- 相手に甘いレシーブを打たせたいとき

レベルアップのコツ
外側に向けて振り下ろす意識

ボールの左斜め上（スライスサービスとは反対）にラケット面を当てるの

インパクト時にボールの左斜め上をラケット面でこすり、回転を与えるのがリバースサービスです。ストロークと同じウエスタングリップで握ると打ちやすいでしょう。

リバースサービスは、スライスサービスとは逆の回転がかかり、相手が右利きならボールはバック側にいきます。そのため、試合で不意に使うと相手を惑わせてミスを誘うことができます。試合のペースを変えることができ、攻めの1本としても使えます。

球の打点

ラケット面

ラケット面が外側を向く

❸ インパクト
ボールの左斜め上をラケット面でこするようにインパクトする。

❹ フォロースルー
インパクトしたラケット面は外側を向き、ラケットが振り下ろされる。

で、外側に向けて振り下ろすことを意識しよう。ウエスタングリップで打てるため、初心者でもマスターしやすいかもしれない。

インパクト面は外側を向いたまま、ラケットを振り抜く。

手の甲は身体の左側に向く

▶ Lv.4 サービス&レシーブでミスをしない

カットサービス（アンダーカット）

ボールに回転を加え、バウンドを変化させよう

ひざを曲げ、頭を動かさないように構えるのが基本

❶ 構え
上体をひねり、ラケットは後方に引く。トスは上げずに、インパクトできる高さ（ひざ辺り）でボールを離す。

❷ スイング
ひねった上体を戻しながら、ラケットを振り下げる。

カットサービスはここで使う！

- ファースト、またはセカンドサービスを打つとき
- 相手に攻撃的なレシーブをさせたくないとき
- ネット前に詰める動きをしたいとき

知っておこう

アンダーカットのはずみ方

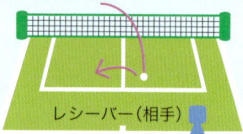

レシーバー（相手）

通常、右利きの人が打つと、バウンド後はレシーバーから見て左側にはずむ。ボールのこすり加減でも、様々に変化する。

カットサービスは、相手コートでのバウンドが低くなったり、左右にはずんだりするため、相手がラケットを高く構える攻撃を防いだり、相手の体勢を崩したりできます。飛球が遅く、ネット前に詰める時間もつくれます。

トスは上げず、身体の少し前に落とし、カットストロークのようにラケット面を斜めにしてボールの下側をこすって回転をかけます。セミイースタングリップや、イースタングリップで握ると回転をかけやすいでしょう。

球の打点

ラケット面の上でボールを転がすように当てる

❸ インパクト

斜めにしたラケット面をボールの下側に当て、ラケット面で転がすように押し出していく。

❹ フォロースルー

ラケットを振りきる。

様々なカットサービス

カットサービスは他にも、腰辺りで打球するサイドカットサービス、肩辺りで打球するショルダーカットサービスなど、様々な種類があり、打ち方によってもボールの変化は異なる。練習の中で自分が打ちやすいカットサービスを身につけていこう。

アドバイス！
バックカットサービスの例

バック側で打つバックカットサービスの場合、ボールはフォア側で打つときの逆側へバウンドしていく。

135

> Lv.4 サービス&レシーブでミスをしない

ファーストサービスと
セカンドサービスの違い

ファースト、セカンドでサービスを使い分けよう

ファースト、セカンドの違い

　サービスを打つとき、ファーストサービスかセカンドサービスかによってどのように打つのか、考え方が変わります。まず、1本目のファーストサービスは、攻撃的に打っていけるので、より高い攻撃力を目指すことが基本になります。

　しかし、1本目を外せば、セカンドサービスは必ず入れて、失点を防がなくてはいけません。そのため、より確実に入れることを最優先に考え、確率の高いサービスを選ぶ必要があります。言い換えれば、セカンドサービスをしっかり打てるようにしておけば、ファーストサービスをより攻撃的に、思いきって打つことができるのです。

　それぞれのサービスを使い分けて、試合を有利に進めていきましょう。

ファーストサービスの考え方

■ 確率はもちろん、高い攻撃力が必要になる
- 自分たちがカウントでリードしているときは、攻撃力重視。
- 自分たちがカウントでリードされているときは、確率重視に切り換えよう。

セカンドサービスの考え方

■ 相手に攻められにくく、確率よく入れる安定力が必要になる

───相手に攻められにくくする───
　　　　サービスの選び方
ボールのコントロールのしやすさに注目するならカットサービス。ボールの威力を抑えてコントロールしやすくし、スピードのあるボールにするならオーバーヘッドサービス。

> 攻撃的に打つのか、確率を優先するのか、打つ前に考えよう

POINT

　オーバーヘッドサービス、カットサービスなど様々な打ち方のサービスを打てるようにしておきましょう。サービスの幅が広がれば、場面に応じた使い分けができます。

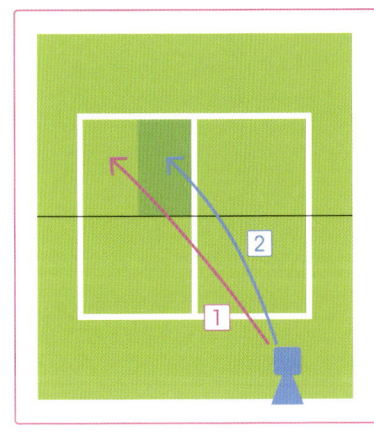

試合の状況に応じたコースの打ち分け

1 自分たちがリードしているとき
失敗するリスクは気にせず、**思い切ったコースへ角度をつけて打つ**ことで、さらに攻撃性を高めていこう。
▶ファーストサービス

2 リードされているとき
相手に攻められにくい**センター**などに確実にサービスを入れていこう。
▶ファーストサービス
▶セカンドサービス

オーバーヘッドサービスとカットサービスを比べる

オーバーヘッドサービス
フラット、スライス、リバースなど

- 攻撃力が高い。**威力とスピードがあるので、ファーストサービスで使う選手が多い。**
- 中・上級者になると、2本ともオーバーヘッドサービスを打つダブルファーストの選手もいる。コントロールしやすくするために、ファーストよりも威力は抑えながらも、スピードあるセカンドサービスを打つ。

カットサービス
アンダーカットなど

- 回転がかかった**安定したボールになるので、入る確率をより高めるために、セカンドサービスに使う選手が多い。**
- より変化するカットサービスを打てる選手は、武器としてファーストサービスから使う。
- 相手コートでは高くはずまず、バウンドが変化するため、相手はラケット面を上に向けた山なりのレシーブしか返せない。

コートサーフェスに適したサービス選び

自分が身につけているプレーとコートサーフェスを照らし合わせて、使うサービスを選んでいくようにしてみよう。

アドバイス!

オーバーヘッドサービス
ボールの勢いが加速するコートが有利。
▶クレーコート、砂入り人工芝コート

カットサービス
バウンド後の変化が生きるコートが有利。
▶屋内の木板コート、ハードコート

▶ **Lv.4 サービス&レシーブでミスをしない**

文大杉並流！サービス練習
1人でできる練習でライバルに差をつけよう

Menu.01 カベ打ち ▶ **オーバーヘッドサービスの スイング感覚をつかむ**

> コートがない場所でも練習できる！

> 簡易ネットがあるとよりよい

カベの前に簡易ネットを立てると、コートをイメージしてサービス練習ができる。

> 常に一定の場所にボールを打とう

やり方　目安：1日100本

カベをネットに見立て、ネットからベースラインと同じ距離（11.885m）のところからオーバーヘッドサービスを打つ。

◀ 自分がオーバーヘッドサービスを打つときの打点をカベの高さで確認してから練習すると、一定の打点でサービスを打ちやすくなる。

自分のルーティンを探してみよう！

サービスの構えの前に、いつも同じ動作（ルーティン）をするようにしておくと、試合で集中したいときに、普段と同じペースをつかみやすくなる。自分なりのルーティンを見つけ、常に同じリズムでサービスを打てるようにしていこう。

アドバイス！

> ボールを見つめる

> ボールをつく

ルーティンの例。自分なりのルーティンでリズムを取り戻そう。

練習のねらい サービスは唯一、1人でも練習できるプレーです。ぜひ毎日練習して、安定したトス、フォームを身につけ、サービスの成功確率を高めましょう。試合に勝つためには、実戦同様に緊張感を持って取り組むことや、コースを打ち分けられるようになることも意識していきましょう。

知っておこう サービスコースの打ち分け方

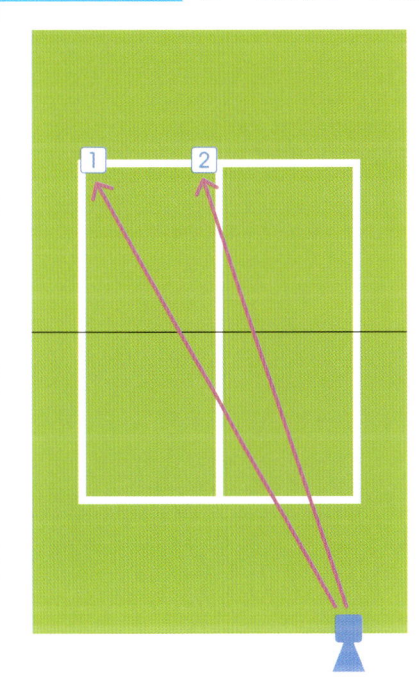

1 クロス（ワイド）

自分から見て左寄りの打点になる。

前寄りに打点をとる。

2 センター

自分から見て右寄りの打点になる。

やや後ろ気味に打点をとる。

サービスのコースは、打点の位置で打ち分けることができる。クロスのポジションからサービスを打つ場合を見てみよう。クロスへ角度をつけるとき（1）は、打点を頭よりもやや左寄りで前にとる。一方、センターへ打ちたいとき（2）は、頭よりも右寄りでクロスよりも後ろ気味に打点をとってスイングしていく。なお、逆クロスサイドからの場合も同様に。

Lv.4 サービス&レシーブでミスをしない

Menu.02 目標物をねらう ▶ コースによって打ち方を変える

打点の位置で
コースを
打ち分ける

クロス　センター

クロスサービスの場合

やり方　目安：1日100本

❶ 図（クロスサービスの場合）のように、サービスのコースにフラフープを4か所置く。
❷ 練習者は、自分でコースを決めて、ねらってサービスを打っていく。
❸ クロスのポジションが終わったら、逆クロスのポジションでも行う。

フラフープの場所と打点の位置

A 角度のついたクロス
→打点：左寄り、前でとる
B クロスコーナー
→打点：左寄り、A より前でとる
C レシーバーの身体の正面の辺りのイメージ→打点：右寄り、やや後ろでとる
D センター
→打点：C より右寄り、やや後ろでとる

Menu.03 距離を変えて打つ
▶サービススペースに入れる身体の使い方

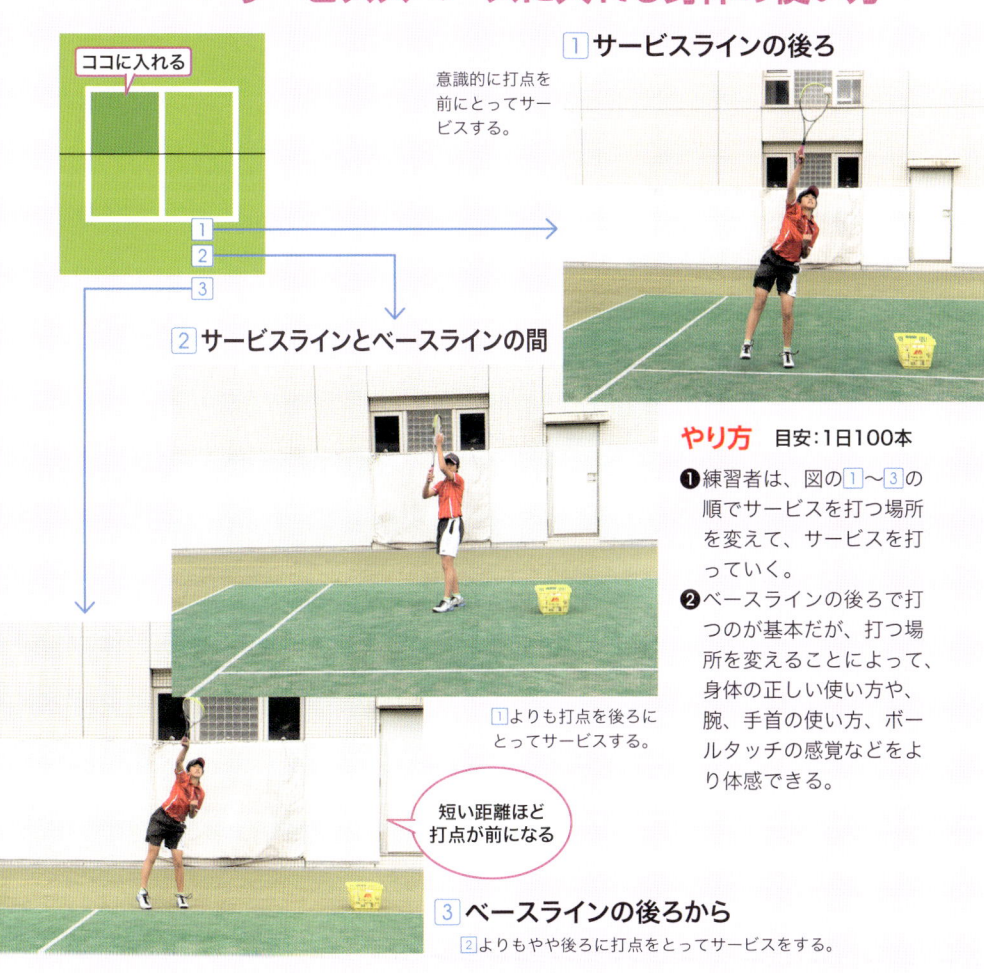

ココに入れる

意識的に打点を前にとってサービスする。

1 サービスラインの後ろ

2 サービスラインとベースラインの間

1 よりも打点を後ろにとってサービスする。

短い距離ほど打点が前になる

3 ベースラインの後ろから
2 よりもやや後ろに打点をとってサービスをする。

やり方　目安：1日100本

❶ 練習者は、図の 1 ～ 3 の順でサービスを打つ場所を変えて、サービスを打っていく。

❷ ベースラインの後ろで打つのが基本だが、打つ場所を変えることによって、身体の正しい使い方や、腕、手首の使い方、ボールタッチの感覚などをより体感できる。

レベルアップの コツ
手首を使って回転をかける

サービスで角度をつけたコースに打つ場合、インパクト後に写真のように手首を少し曲げて方向づけをしてスイングしていかなければならない。Menu.03では距離を変えてサービスを打っていくことで、手首を使うと打ち分けやすいことを体感できるはずだ。

手首を少し曲げてラケット面で角度をつけていく。

141

▶ Lv.4 サービス&レシーブでミスをしない

レシーブとストロークの違い
後衛編

打つ場所で打ち方も変わることを理解しよう

ストロークとレシーブの待球姿勢の違い

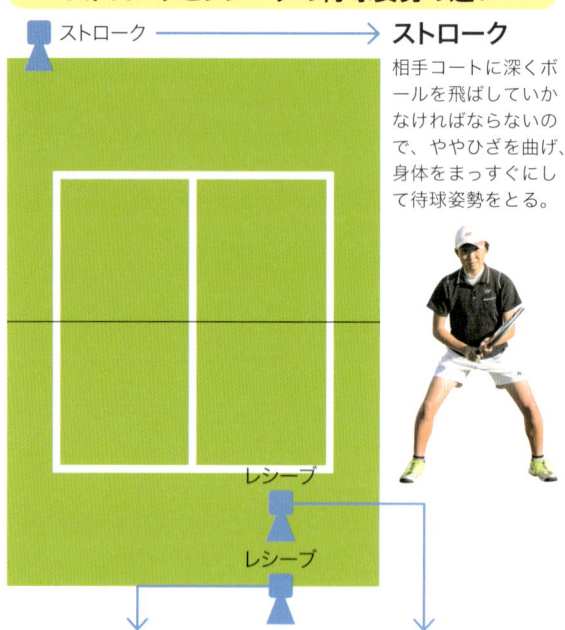

ストローク

相手コートに深くボールを飛ばしていかなければならないので、やや ひざを曲げ、身体をまっすぐにして待球姿勢をとる。

ファーストレシーブ　　セカンドレシーブ

ベースライン手前

サービスライン付近

ストロークよりも打つ距離が短く、ネットも近いので、ひざを曲げながら、同時に下半身も低くする。

❹ フォロースルー

ストロークの場合は大きく、レシーブの場合はやや小さくラケットを振りきる。

基本的にストロークはベースライン付近で打ち合います。一方、レシーブはサービスコートに入ってくるボールを打ちます。レシーブのほうがネットに近い地点で構えるので、打つ距離が短くなります。

そのため、レシーブではストロークよりも、大きなスイングではなく、より、わきをしめて身体の回転を生かして打っていく必要があります。

身体をダイナミックに回転させる

肩に近い打点でトップ打ち

深いボールを打つので、大きめにテークバック

ベースラインよりも後ろで軸足設定

ストローク

わきをしめ、コンパクトに身体を回転させる

③ スイング
踏み込み足（左足）へ体重移動とともにスイング。

② 体重移動
右足に乗せた体重をスイングとともに前へ移動させる。

① テークバック
軸足（右足）に体重を乗せる。ストロークの場合は大きめ、レシーブの場合は小さめのテークバック。

短いボールを打つので、やや小さめのテークバック

ベースラインよりも前で軸足設定

レシーブ

腰の高さでサイドストローク

▶ **Lv.4 サービス&レシーブでミスをしない**

レシーブとストロークの違い
前衛編

前衛はネット前に素早く移動しよう

● 前衛のレシーブとストローク
▶ フォロースルーとテークバックに注目

POINT

前衛はレシーブ後、速くネットに詰めることが大切です。ネットに詰めることにより、自分の後衛の守る範囲を狭め、相手後衛の攻めるコースをつぶすことができます。

CHECK

スイング時にコンパクトなスイングにしておけば、打球後、前に詰める動作へスムーズに移れる。身体が傾くくらい大きなスイングは、動作が遅れる原因になるので、注意しよう。

レシーブ

待球姿勢の位置は、後衛と同じくファーストレシーブならベースライン付近に、セカンドレシーブならサービスラインの後ろくらい。セカンドレシーブでは、やや腰を落とした姿勢で構えよう。

レベルアップのコツ

前衛のレシーブは勝負の場面

前衛は、基本的に逆クロスのポジションでレシーブする。そのため試合の中で、次の1本でゲームがとれる、またはあと1本で相手にゲームを奪われるという状況でレシーバーになりやすい。つまり、後衛以上に勝負のかかった場面で前衛にレシーブがまわってくるため、簡単なミスをしてはいけない。<u>ミスなく、しっかり攻められるレシーブ力を意識して身につけていこう。</u>

例 自分 相手
勝敗のカギ 🔑 **1－2** 相手がリード！

↓ 前衛のレシーブ ↓

得点につなげる	失点につながる
同点に！(2-2)	差を付けられる！(1-3)

勝敗が決まらなくても、カウント2-2に持っていけるか、1-3で差を付けられてしまうかという大事な場面でレシーバーになることもある。

前衛のレシーブもまた、ストロークする場合よりもネットに近い位置でレシーブするため、大振りすることなく、わきをしめたスイングが必要です。
　さらに前衛の場合は、ストロークでもレシーブでも打球後にネット前に前進していきます。そのため、後衛以上に身体がブレることのない、コンパクトな振りを目指していきましょう。
　スイング直後には前進するための1歩を踏み出しておくことが大切です。

スイング後は前に素早く詰めていくため、フォロースルーを小さく、後ろにある軸足を素早く前に出して前進するための1歩を踏み出していく。

しっかり振りきる

ストローク

レシーブよりも打球を長く打っていくため、テークバックもフォロースルーもやや大きめにする

ストローク後にもネットに向けて詰めていくので、打ちながら前に詰める意識を持とう。ただし、しっかりラケットを振りきらずに前に詰めようとすると、ネットやアウトなどのミスにつながるので注意。

▶ Lv.4 サービス&レシーブでミスをしない

文大杉並流！サービス&レシーブ練習
ラリーにつなげる1本をミスなく打てるようになろう

Menu コースの打ち分け
▶ サービスもレシーブもしっかりコースをねらう

サービス側

レシーブ側

やり方
人数：4人以上

❶ クロス、逆クロスの2コースに、サーバー、レシーバーが分かれて入る。
❷ それぞれ、自分でねらうコースを決めて打ち分けていく。

練習のねらい

サービスとレシーブでミスをしては、ラリーもできず、簡単に失点してしまいます。基本中の基本になる練習なので、毎日のように練習しているチームがほとんどです。サービスやレシーブをミスなく打つだけではなく、実戦も意識して、しっかりとコースをねらっていきましょう。

サービス側がねらうコース

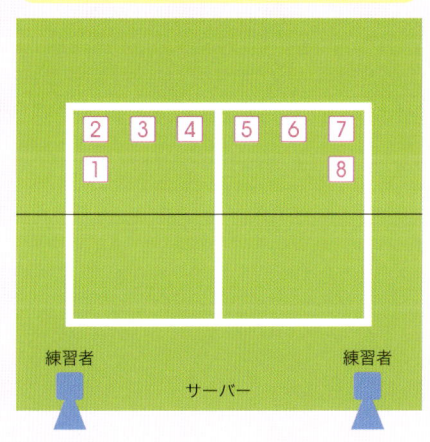

逆クロス
- 5 センター
- 6 レシーバーの正面
- 7 逆クロスのサービスコーナー（ワイド）
- 8 逆クロスの鋭角

クロス
- 1 クロスの鋭角
- 2 クロスのサービスコーナー（ワイド）
- 3 レシーバーの正面
- 4 センター

レシーブ側がねらうコース

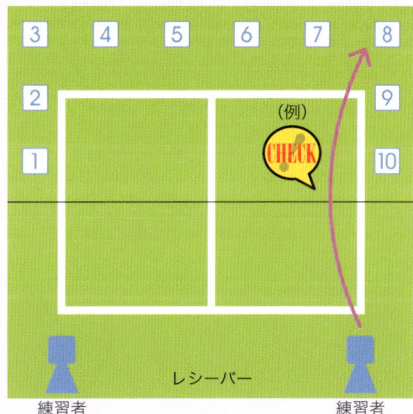

逆クロス
- 1 ストレートネット前
- 2 ストレート短め
- 3 ストレート（シュート、ロビング）
- 4 相手前衛のそば
- 5 センター（逆クロス寄り）
- 6 センター（クロス寄り）
- 7 サーバーの足元
- 8 逆クロスのコーナー
- 9 逆クロスの鋭角
- 10 逆クロスのネット前

クロス
- 1 クロスのネット前
- 2 クロスの鋭角
- 3 クロスのコーナー
- 4 サーバーの足元
- 5 センター（クロス寄り）
- 6 センター（逆クロス寄り）
- 7 相手前衛のそば
- 8 ストレート（シュート、ロビング）
- 9 ストレート短め
- 10 ストレートネット前

POINT
ファーストサービスは常に8割以上の確率で入れましょう。

CHECK レシーブは同じ構えで打ち分ける！

レシーブでは、実戦で相手前衛にコースや球種を読まれないようにするために、テークバックは同じ構えから打ち分けて練習しよう。たとえば、クロス側が 8 のコースにストレートのシュートボールを打つ場合（ロビングでも打てる）、相手に読まれるとボレーで攻撃されてしまう。常に同じ構えからテークバックして相手をけん制しよう。

ラケットが高い位置にあるテークバック（シュートボール、ロビング、カットストローク）は同じテークバックの形から打ち分けたい。慣れてくると、スタンスや肩の入れ方などでも、相手を惑わせることができる。

テークバックでラケットは下げないようにしよう

▶ Lv.4 サービス&レシーブでミスをしない

サービスのフォローアップトレーニング
サービスを打つときの身体の使い方を覚えよう

Menu キャッチボール ▶ サービス、スマッシュの動きを

まずは遠くに飛ばすことを意識しよう

● 投球フォーム ▶ 胸を張り、肩からひじの順に前に出すイメージで投げる

上半身をひねる！　　ゼロポジションを意識

ひねりを戻しながら、肩、そしてひじを前に

❶ 構える　　❷ 体重移動　　❸ 振りかぶる

練習のねらい　野球の投球動作と同じような身体の使い方をするのが、頭上でボールを打球するサービスとスマッシュです。身体のひねり戻しと利き手のひじや上腕、手首の使い方は、キャッチボールすることで、自然と身についていきます。ぜひ、キャッチボールを練習の中に取り入れていきましょう。

身につける

やり方　人数：2人

❶ ベースラインとネット前にそれぞれが立つ。
❷ 下半身、上半身、そして利き腕を連動させる身体の動きを意識してキャッチボール。
❸ 慣れてきたら、徐々に距離を伸ばしていこう。

POINT

ひじを下げないようにして、利き腕はひじを肩と同じくらいの高さに上げます。構えから投げ終わるまで、常にゼロポジション（→96ページ）を意識しましょう。

●ボールがよく飛ぶ キャッチボールのコツ

① 相手に対して身体を半身（90度に向ける）にする。

▼

② 後ろ足に体重を乗せてためをつくり、前足に体重を移動させながら、ひねった上体を戻して投げる。

● ボールを投げるとき、相手に対して身体を正面に向けて、手だけで投げてしまうと、ボールは飛ばないので注意しよう。

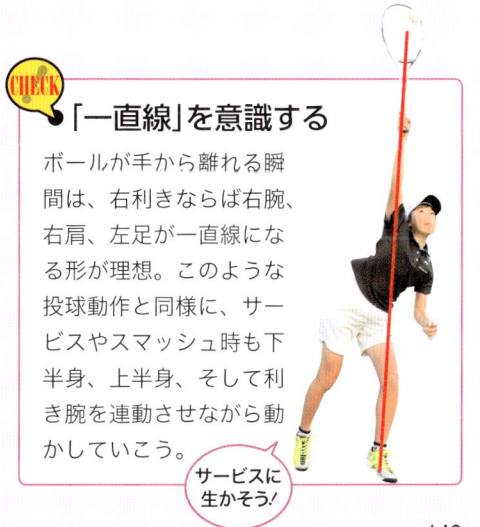

ボールを上へ投げるイメージ

❹ 投げる

CHECK 「一直線」を意識する

ボールが手から離れる瞬間は、右利きならば右腕、右肩、左足が一直線になる形が理想。このような投球動作と同様に、サービスやスマッシュ時も下半身、上半身、そして利き腕を連動させながら動かしていこう。

サービスに生かそう！

149

Column

監督&コーチのための指導のヒント ❶
「I must」ではなく、「I want」に

　ソフトテニスをもっと好きになり、末永く続けてほしい——。子ども達にそうなってもらうためには、3つのポイントがあると思います。

　まず1つ目は、早い段階でボールを打たせて楽しさを教えることです。初心者だからといって、ボール拾い、コート整備、トレーニング、素振りだけしかさせない部活動では、楽しさを感じにくいでしょう。2つ目は、早い段階で試合を行うこと。試合を行うことで相手と競う楽しさを知ります。そして、3つ目のポイントは感動を味わってもらうことです。身近な先輩の試合を応援し、勝ったときの喜びを感じ、たとえ負けたとしてもその悔しさを糧にする。その感動を練習に向けるエネルギーにするわけです。

　子どもたち自らが強くなりたい、上手になりたいという気持ちになる前に、指導者の「勝たせよう」という気持ちが先行すると自主性が育ちません。人から言われて仕方なく練習している「I must」、「やらなければ」の状態に陥ります。「I want」の「やりたい」の気持ちが出てくるまで、指導者は待つべきだと思います。

　言い換えれば、指導者は、指導段階を決めていけばよいのです。入学してきたばかりの1年生には、「ソフトテニスの楽しさ」「試合の楽しさ」を感じさせる。2年生には、もっと勝てるようになるための「戦術」を教える。そして、3年生には相手によって戦い方が違うことを教え、「戦術」の深みを教えていくとよいでしょう。「I want」で取り組める子どもたちには、燃え尽き症候群はないはずです。

Lv.5

ダブルスにも役立つシングルスに挑戦！

１人でプレーするための能力が詰まったシングルスの技術習得は、ダブルスの技術強化にもつながります。シングルス、ダブルスの両方でプレーできる力を身につけましょう。

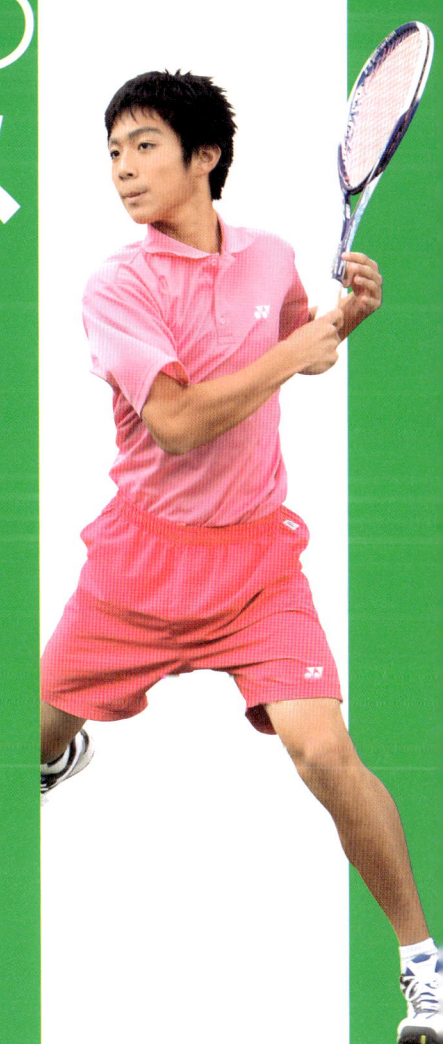

▶ **Lv.5 ダブルスにも役立つシングルスに挑戦！**

シングルスとダブルスの違い

シングルスのプレーはダブルスの強さにもつながる。
上達を目指してシングルスに取り組んでみよう。

1人で
コート全体を
カバーする！

シングルス

□ シングルで
使うコート

■ 使わないコート
（ダブルスでは
使用）

シングルスは左右のサービスサイドラインの延長線とベースラインで囲まれたスペースで戦われる（ダブルスはベースラインと左右のサイドラインで囲まれたスペースで戦う）。

オールラウンドなプレーを身につけよう

国際大会が主だったシングルスの大会は、現在、小学生、中学生、高校生と各年代での大会も増えてきています。

ダブルスでは、2人で協力して相手を崩していきますが、シングルスは1人対1人の戦いです。つまり、1人で攻守すべてを行うため、ストローク、ネットプレー、サービス、と幅広くすべてのプレーを駆使する「オールラウンドなプレー」が必要です。また、相手にどのようなコースを攻められても走って返球するための持久力など、特に体力面の運動能力も大切になります。

いずれも、ダブルスにも必要とされる力なので、ぜひ、ダブルスとシングルス両方で戦える、オールラウンドなプレーを身につけていきましょう。

攻守の違い

シングルス
- 自分1人のみのプレーになる。コート全面を1人で守りながら、攻撃をしかけていくため、どのようなボールを打たれても返球できるようにするのが基本。ミスは命取りになりやすい。

ダブルス
- 2人で攻めと守りの役割を分担する。主に後衛がストロークを打って相手とラリーをし、相手陣形を崩したところを前衛がネットプレーでポイントしていくのが基本。

プレーや使うスタンスの主な違い

シングルス
- 1人になる分、次のボールに備え、素早くポジションへ戻ることが必要。そのため、コンパクトなスイングが求められる。
- 自分から遠いコースに打たれた場合、肩を入れてクローズドスタンスで構える余裕がない。そのため身体を開いてオープンスタンスで打つことで時間を短縮して返球する。
- 常時、ネット前に相手が立っていることはないので、スタンスなどで相手をけん制（同じテークバックで惑わす）する必要がない。

ダブルス
- ストローク時、相手前衛にボールを打つコースを読まれないようにけん制するため、利き手の反対の肩を内側に入れるクローズドスタンスも使用する。

POINT
自分で考え、自分でポイントしていくシングルスは、活躍度も高い種目ともいえます。また、シングルスでオールラウンドなプレーを身につけられれば、ダブルスでも幅広いプレーができ、強さに磨きがかかります。

▶ Lv.5 ダブルスにも役立つシングルスに挑戦！

シングルスの攻めと守りの基本
シングルスで得点するためのポイントを押さえよう

打たれるボールの範囲と自分のポジション

相手がセンターから打つ場合

相手がクロス、または逆クロスの
コースから打ってくる場合

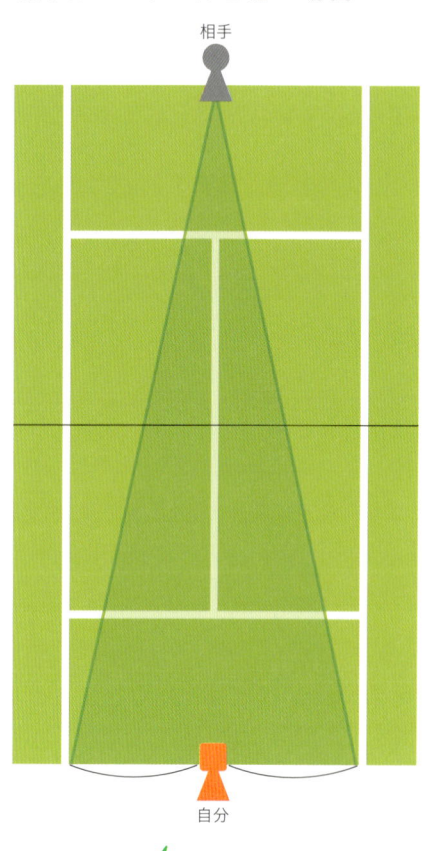

> 相手が打てる範囲の中間地点に
> ポジションをとるのが基本。
> 1人でコート全面を
> カバーするのに効率的

> 相手が打てる範囲を予測して、
> 常に、その範囲の中間地点に
> ポジションをとり、
> 相手打球に対応しよう

シングルスでは、相手の打球地点から相手が打ってくる範囲を予測し、その中間辺りでポジションをとることで効率よく返球していきましょう。

攻めではストロークでフォアでもバックでも幅広いコースに打ち、オールラウンドなプレーで、相手のミスを誘って攻めていきます。

反対に、相手に前後左右に揺さぶられて厳しいコースに打たれても、それ以上攻撃されないための返球を心がけていくのが守りの基本です。

攻め方の例

たとえば🅐と🅑を組み合わせ、シュートボールを深く打ち込んで相手をベースラインの外に追いやってから、不意にネット前にボールを落とせば、相手はなかなか返球できない。

🅐相手のバックハンドを攻める
苦手とする選手が多いバック側へボールを集め、相手のミスを誘おう。

🅑相手を前後左右に動かす
相手を走らせて、定位置で打たせることなく、ミスを誘おう。前後左右に自在に打ち分ける技術が必要になる。

守り方の例

たとえば🅐の場合、滞空時間が長く、コート深くに落ちる、ロビングやスライスボールを返球していこう。相手コートに落下するまでが遅いボールにすることで、時間をかせぐ。

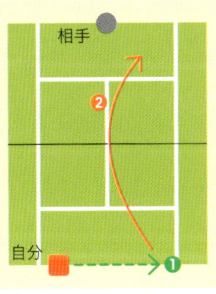

🅐相手に前後左右に揺さぶられるとき
打球後、素早くポジションに戻り、次のボールに対して準備。自分の体勢を立て直すためのボールを打っていこう。

🅑バックハンドを攻められるとき
バックハンドの打ち分けを強化し、特に相手のバックに打ち返せるようにしよう。

アドバイス!

セルフコントロールが大切!

ミスしても1人でしっかりと気持ちの切り替えをしなければならない。138ページでも紹介したルーティンでリズムを取り戻す習慣をつけよう。

遠くの景色を見るなど、相手や相手コート以外の一点を見つめることで、集中力を高めることができる。

屈伸をして、下半身の筋肉を刺激。身体全体がリラックスする。

▶ **Lv.5 ダブルスにも役立つシングルスに挑戦！**

シングルスの必須ショット
シングルスで勝つための5つのプレーを身につけよう

❶ フォアハンドの広角打ち ▶ 幅広いコースに打ち分ける

基本的なシングルスの攻撃は、ストロークの打ち分けによって相手を崩し、甘い球を叩いて、得点をしていくこと。広角に打ち分けやすいオープンスタンスで、引っ張り、流しのボールを打点の位置によって打ち分けよう。

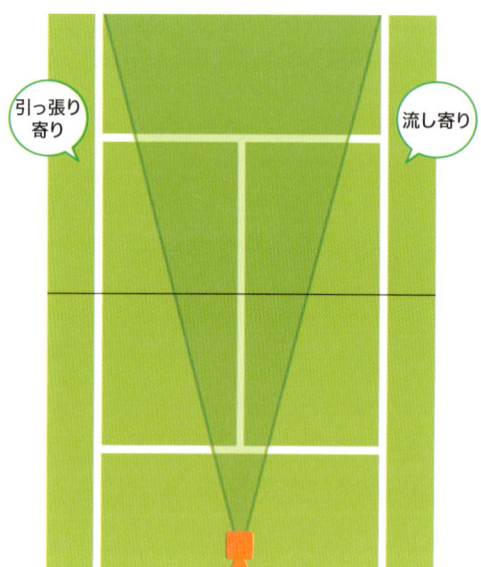

引っ張り寄り　　流し寄り

オープンスタンス

返球するまでの時間的な余裕がないまま、広角に打ち分けるため、オープンスタンスでストロークを打っていく。

引っ張り　打点を前に、ボールの外側を打っていく

たとえばクロスのポジションのとき、フォアハンドでクロスに打つ場合は、自分の身体よりも内側のコースへ打つため引っ張りになる。

流し　引っ張りよりもやや打点を奥に、ボールの内側を打っていく

自分の身体よりも外側のコースへ打つ場合は流しとなる。

156

シングルスで勝つためには、「幅広いコースに打ち分ける」「バックハンドを弱点にしない」「相手の体勢を崩し、甘い球を叩く」「前後左右に揺さぶる」といった力が必要です。具体的には、フォアハンドの広角打ち、バックハンドの打ち分け、アプローチショットからのヒッティングボレー、短いボールを返球する、スライスストロークなどの技術を身につけていきましょう。

❷ バックハンドの打ち分け ▶ バックハンドを弱点にしない

1人でコートをカバーするため、フォアに回り込む余裕がない場合が多く、さらにバック側を攻められやすい。打つ機会が多くなるバックハンドを苦手なままにせず、打ち分けができるくらいの技術を目指そう。

引っ張り

わきをしめてテークバック → コンパクトにスイング／打点は前にとる！ →

たとえば逆クロスにポジションをとったとき、バックハンドを逆クロスに返球する場合は、引っ張りになる。

流し

わきをしめてテークバック → 打点はやや後ろにとる！ → 打ちたい方向へ胸を向ける

自分の身体よりも外側のコースへ打つ場合は、流しになる。

▶ Lv.5 ダブルスにも役立つシングルスに挑戦!

❸ アプローチショットからのヒッティングボレー
▶ 相手の体勢を崩し、甘い球を叩く

相手に厳しい体勢でボールを取らせ、甘い返球をさせるための決め球をアプローチショットという。ショットが成功したら、相手の甘い球を予測してノーバウンドで叩きにいく。ストロークのようなスイングから、ヒッティングボレーで強く打ち返していこう。

❶ アプローチショット
強く、速いシュートボールなど、相手が体勢を崩して取るようなアプローチショットを打つ。

❷ 前へ詰める
相手の甘い返球に備えて、落下点、コースを予測し、前へ詰める。

アプローチショットからの攻撃はここで使う!

- 自分が強くて速い、深いボールを打ったとき
- 相手を左右前後に振り回したとき
- 相手が甘い返球をしてきたとき

POINT
アプローチショットを打っても相手にうまく返球され、甘い返球が返ってこないと判断したら、前に出ずに、相手ボールに対応してコート後方で対応することも大切です。

攻め方のバリエーション

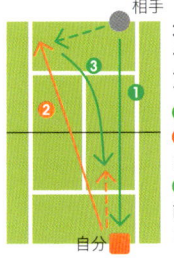

右ストレートのラリーからクロスへアプローチショット
① 右ストレートのラリー
② クロスへ、アプローチショット
③ 相手の甘い返球に対し、前に出てヒッティングボレー

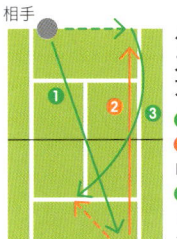

クロスラリーからストレートへアプローチショット
① クロスのラリー
② ストレートへ、アプローチショット
③ 相手の甘い返球に対し、前に出てヒッティングボレー

ためをつくる

❸ 軸足のため〜インパクト〜フォロースルー

軸足（右足）に体重を乗せ、ひざでためをつくる。ボールを引きつけて、十分なためをつくったうえで、踏み込み足（左足）へ体重を移動させてスイングしていく。

アドバイス1

前進スマッシュがより効果的！

アプローチショットを打ち、相手からの甘い返球を予測できたら、前に詰めていく。特に、相手の返球が山なりで短いボールになったならば、前に詰め、スマッシュで叩いていきたい。身体の位置が前に行きすぎず、しっかりと振り抜けるように身体を落下点へと移動させていこう。ただし、思っているよりも落下してくるボールと自分の身体の距離感はつかみにくい。後ろに下がって打つスマッシュだけでなく、日頃から前進スマッシュも練習に取り入れていこう。

▶ Lv.5 ダブルスにも役立つシングルスに挑戦！

❹短いボールを返球する ▶ 前後左右の揺さぶりに負けない

相手が前後に揺さぶりをかけて短いボールを打ってきたとき、その返球ができるかどうかが、勝敗を大きく左右する。短いボールをミスなく返球するために、ネットとの距離感をつかんで返球していこう。

ボールにドライブ回転をかける

わきをしめる

軸足設定

ボールの落下点へ素早く移動。軸足（右足）の位置を決定し、体重を乗せる。

背筋をまっすぐにし、身体の軸をブレさせないようにする。前かがみにならないように。

体重を前へ移動させ、わきをしめてスイング。しっかりとボールにドライブ回転をかけてネットを越えさせていく。

アドバイス！

短いボールをスライスで返球

スライスストロークで返球すれば、攻め返すことができる。ラケット面を斜めにしてボールの下側をこするようにインパクトして、スライス回転をつけ、ネット前に落とそう。ただし相手に読まれてしまうと意味がない。シュートボールを打つときと同じテークバックを心がけよう。

ラケット面を斜めにしてボールの下側をこする！

❺ スライスストローク ▶ 相手を前後左右に揺さぶる

コート後方から相手に深いボールを打つ場合や、シュートボールの打ち合いからリズムを変えて相手のミスを誘う場合などに、スライスストロークは有効打になる。さらに、厳しいボールを打たれても、滞空時間が長いボールにすることで、自分の体勢を立て直すための時間も確保できる。

軸足（左足）の位置を設定しきれない（「1」をつくれない）。

「1」をつくって打ち返せない場合は、時間かせぎにスライスストロークで深く返球し、相手のさらなる攻撃を防ぐ。

🔴 しのぎのスライス

打点に入りきれず、身体を移動しきれない場合は、身体を開いたオープンスタンスからスライスを打つことで返球することができ、相手に攻められたときのしのぎのショットとしても使える。これはシングルスに限らず、ダブルスでも同様。また、ボールに長短をつけやすく、ネット前にも落としやすいので攻撃時にも有効だ。

バック側の足元をねらわれたときは、素早く後ろに下がろう。

▶ Lv.5 ダブルスにも役立つシングルスに挑戦！

文大杉並流！シングルスの練習
コースの打ち分けを身につけてシングルスで勝とう

Menu ラケット3本分をねらう
▶ 攻め返されないコースにしっかり打ち分ける

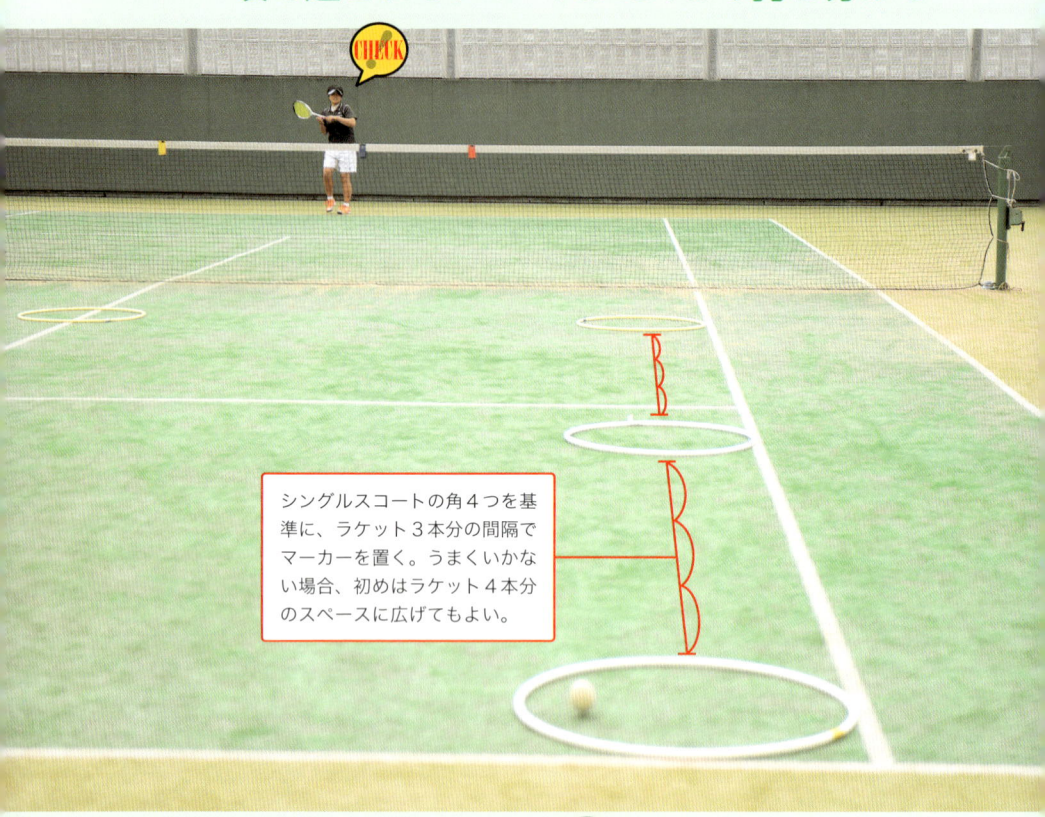

CHECK

シングルスコートの角4つを基準に、ラケット3本分の間隔でマーカーを置く。うまくいかない場合、初めはラケット4本分のスペースに広げてもよい。

やり方　人数：2人以上

❶ 練習者は、センターで待球姿勢をとる。
❷ 球出し者は、クロスから10本連続で上げボールをする。
❸ 練習者は右ページの図のマーカー A ～ G をねらって、打ち分けていく。
❹ 実戦同様に、練習者は1球ずつ素早くセンターのポジションに戻って、次のボールに備えて待球姿勢をとる。

CHECK

ボールの配球は自由だが、実戦を意識したコースへ打っていこう。特に相手のバック側へボールを集めたり（相手が右利きなら、逆クロスへ打つなど）、相手に同じ場所で打たせないように、前後左右に揺さぶることを常に考えた配球をしていく。

| 練習のねらい | 常に素早い移動、ポジション（センター）への戻りを意識しながら、実戦的に広角にボールを打ち分けていきましょう。前後左右、長短を自在にコントロールする技術はダブルスでも生きます。日頃の練習の中でも、シングルス的な練習を取り入れてみましょう。 |

球出し者

A　　　　　　　G
B　　　　　　　F
C　　　D　　　E

コートの真ん中に返球すると、相手に攻められやすい。そのため、ねらうマーカーの位置はコートの真ん中にはない。

練習者

前後左右に揺さぶる配球の例
- F → G → A → G → D
- G → G → A → E → A
- A → G → B → G → C

レベルアップのコツ　　素早い戻りを習慣にしよう

シングルスの強い選手の条件は、ポジション（主にセンター）への戻りが素早いこと。次のボールに対する準備が遅れるとミスにつながるため、常に次のボールに備えて待球姿勢をとろう。フォロースルーと同時にステップを始め、身体の各部をムダなく効率よく動かしていこう。

コート外側の右足で、地面をけって素早く戻る！

左足をセンター方向へ！

打球後、フォロースルーしながら、センターへ戻るために左足をセンター方向へステップ。

Column

監督&コーチのための指導のヒント❷
男子と女子の指導の違い

　私は中学校の教員時代に、男子、女子両方の指導を経験しています。男子は、とにかく身体を動かすという点でスピードがあります。ですから、こちらが見本を見せれば、すぐに真似ができます。自分で考え、工夫して、自分のものにしていく傾向が強いのです。客観的に判断する力もあるので、レギュラー争いでもめることも少ないでしょう。つまり、技術的なことを教えれば、チームづくりにおいて手を焼くということはあまりないといえます。

　一方で女子は、男子と比べると技術的にも身体的にも対応力に差があります。指導者は、そのことを頭に入れ、手取り足取り指導する必要があります。難しいことをシンプルにやさしく教えることが大切です。とても時間がかかることですが、反復練習をさせることで、身につけさせていきましょう。

　また、男子はもちろん、特に女子には達成感を味わってもらうことが大切です。客観的な判断が苦手な傾向にある女子には、決めた目標に対して「ここまでできるようになった」という達成感を積み重ねさせる指導をすることで、信頼関係も築いていけます。

　以前、中学校で指導していたときに男子、女子両方が関東大会に出場しました。このとき、指導するバランスとしては、男子に2〜3割、女子に7〜8割の割合で力をかけました。同時出場で大変な面もありましたが、これくらいがちょうどよいさじ加減となり、男女の特徴に合わせた指導ができました。指導者人生もおよそ40年経ちますが、男女それぞれ、つまりは子どもたちそれぞれに合った指導を追求することが大切だと痛感しています。

Lv.6 試合に勝つための戦術＆メンタル

ダブルスには戦い方があります。作戦や陣形のつくり方、ベストなプレーをするためのメンタル力が勝敗のカギを握っています。基本となるセオリーを押さえ、勝利を勝ち取っていきましょう。

▶ Lv.6 試合に勝つための戦術&メンタル

ダブルスの基本陣形

ペアの2人で助け合って得点していく陣形を覚えよう

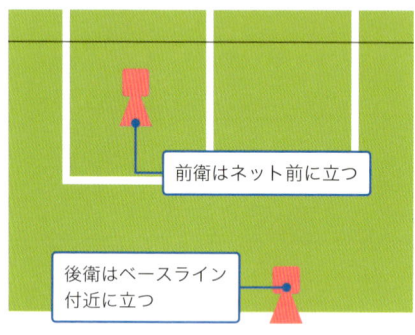

雁行陣

ストロークを得意とする後衛と、ネットプレーを得意とする前衛が役割を分担しながらプレーする。

雁行陣の特徴
- 攻撃と守備のバランスが一番安定した陣形。
- 後衛が相手陣形を崩す配球をし、相手からの甘い返球を前衛がノーバウンドで強く叩いて、得点につなげる。

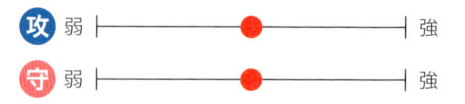

前衛はネット前に立つ

後衛はベースライン付近に立つ

攻 弱 ─────●───── 強
守 弱 ─────●───── 強

● 雁行陣の変化 ▶ 展開したいコースによって変える

クロス
右利きの後衛の場合、フォアの引っ張りのコースとなり、速いボールで攻めることができるコース展開になる。

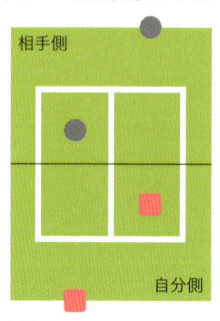

逆クロス
右利きの後衛の場合、フォアの流しのコースになり、打点が後ろになるため、相手前衛の動きが見えにくいコース展開になる。

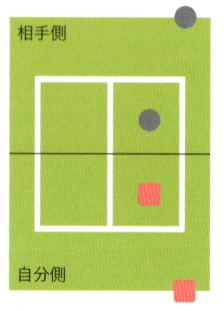

右ストレート
右利きの後衛の場合、引っ張りのコースがクロスになり、ロビングやシュートで攻めやすいコース展開になる。

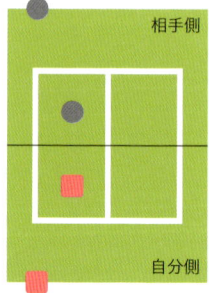

左ストレート
右利きの後衛の場合、攻めのコースが逆クロスになるため、最も攻めにくい。相手前衛が動きやすいコース展開になる。

ダブルスでは、前衛と後衛で陣形を組んで戦うのが基本です。

陣形は、大きく分けると、雁行陣、ダブル前衛（ダブルフォワード）、ダブル後衛と呼ばれる3つの陣形があります。それぞれの特性や得点のしかたは異なりますが、ペアの選手の特長などを考えて選択し、戦っていきましょう。

また、コートサーフェスや、ゲームの途中、あるいは1ラリーの中で、と状況に合わせて各陣形を使いこなして戦う上級者のペアもいます。

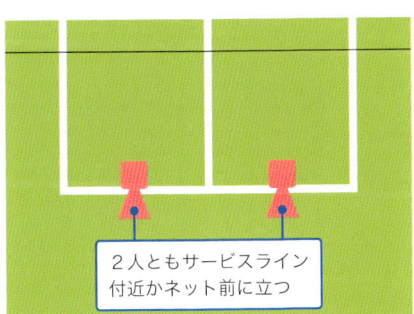

ダブル前衛（ダブルフォワード）

プレーヤー2人ともが中間ポジションか、さらにネット近くにポジションをとる。相手に近い地点から返球する陣形。

ダブル前衛の特徴
- ノーバウンドで返すネットプレーが中心になるので、非常に攻撃力が強い。
- 相手からの返球時間も短くなるので、身体の正面や足元をねらわれたり、頭越しのロビングなどで陣形を崩されるリスクもある。

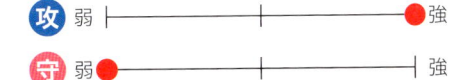

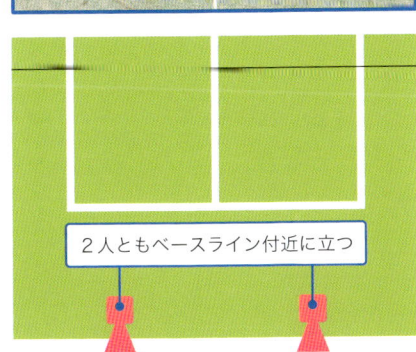

攻 弱 ――――――――●強
守 弱●―――――――― 強

2人ともサービスライン付近かネット前に立つ

ダブル後衛

ストロークを得意とするプレーヤー2人ともが、ベースライン付近でプレーする陣形。

ダブル後衛の特徴
- 相手の攻撃を返球しやすく、どの陣形よりも守備的な強さを持つ。
- ポイントにつなげにくいので、相手のミスを待つ粘りのテニスになる。精神的な根気強さが必要。

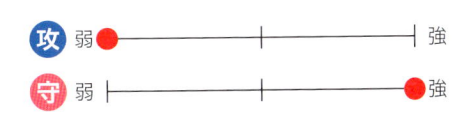

攻 弱●―――――――― 強
守 弱 ――――――――●強

2人ともベースライン付近に立つ

陣形の組み合わせ

Lv.6 試合に勝つための戦術&メンタル

様々な陣形を駆使して勝つプレーをしていこう

❶ 雁行陣 vs. 雁行陣 【戦い方】

両者ともに、後衛がシュートボールや中ロブなどを巧みに配球し、相手陣形を崩していこう。甘くなった相手打球を前衛がネットプレーで打ち返し、ポイントにつなげていく。

❷ 雁行陣 vs. ダブル前衛 【戦い方】

雁行陣側：レシーブ時など、サービスライン付近につくダブル前衛の正面や足元をねらったり、センターをねらったりするなどして相手陣形を崩そう。

ダブル前衛側：カットサービスから相手の甘いレシーブを叩くなど、相手に雁行陣を取らせず、得点される配球をさせないようにしよう。

❸ 雁行陣 vs. ダブル後衛 【戦い方】

雁行陣側：攻撃してもダブル後衛側に守られやすい。そのため、相手の間（センター）にボールを集めたり、ネット前に打ったりするなど、より厳しいコースをねらって相手陣形を崩し、甘い返球を前衛がネット前に落としてポイントにつなげよう。

ダブル後衛側：相手後衛を前後左右に振り回したり、相手前衛のサイドや正面に強いボールを打ったりしてミスを誘い、スキをねらって得点につなげよう。

以前は雁行陣対雁行陣が主流でしたが、コートサーフェスや相手の特徴を踏まえ、陣形を変化させて戦うことも大切になってきました。相手と自分の陣形によって攻撃方法を変えて、試合を有利に進めましょう。

ここでは、基本的な6通りの陣形の組み合わせを押さえておきましょう。

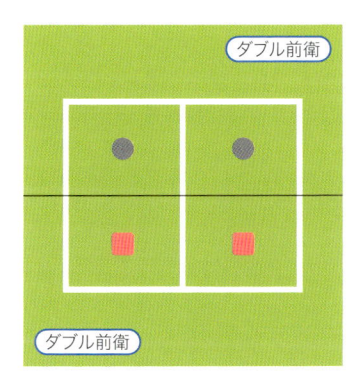

❹ダブル前衛vs.ダブル前衛 戦い方

両者ともに、相手の身体の正面や足元をねらったり、角度のついたボールを駆使したりして、相手の体勢を崩し、甘い返球をノーバウンドで叩いて攻撃していこう。男子のトップ選手たちに多く見られる戦いで、至近距離かつノーバウンドでボレーをし合うこともあり、非常にスピードのあるラリーとなる。

❺ダブル後衛vs.ダブル前衛 戦い方

ダブル後衛側：サービスライン付近からネットプレーで打ち返してくる相手のボールを拾い、相手の頭を越えるロビングやセンターや、角度のついたボール（相手のいないほうへ）で相手陣形を崩そう。

ダブル前衛側：ベースライン付近にポジションをとる相手に対し、ネット前を攻めるなどして、相手に前後の揺さぶりをかけて攻めよう。

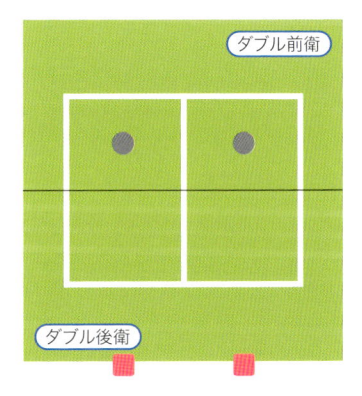

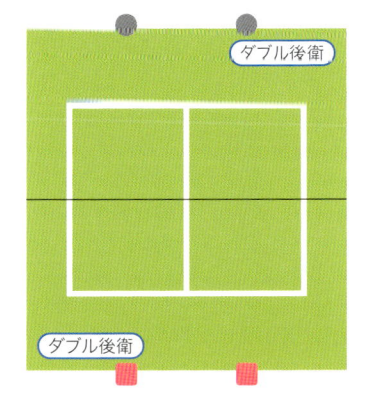

❻ダブル後衛vs.ダブル後衛 戦い方

両者ともに、ラリーでセンターや厳しいコースをつこう。相手に甘いボールを打たせたり、ミスを誘ったりして得点していく。そのため、ラリーが非常に長く続く戦いとなる。

169

▶ **Lv.6 試合に勝つための戦術&メンタル**

サービスからの攻撃パターン

相手のコースを読み、雁行陣で連携攻撃をしかけよう

パターン.1

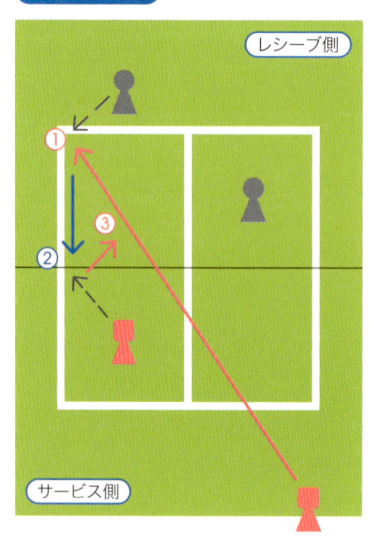

ワイド(クロス)へのサービスからストレートレシーブを打たせる

攻撃のしかた

①サービス側の後衛が、ワイド(クロス)のコース(サービスコーナー)をねらってサービスを打つ。
②レシーバーが、打ちやすいストレートへレシーブしてくる。
③サービス側の前衛は、ボレーで攻撃をしかける。

作戦の考え方

一般的にワイドに入ったサービスは打点が遅れるため、ストレートにレシーブしやすい。
▶ 前衛がボレーで攻撃！

パターン.2

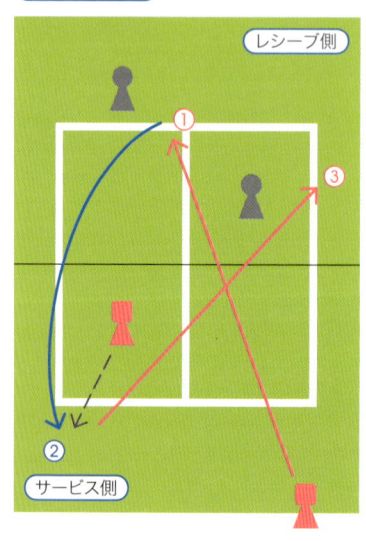

センターへのサービスからストレートへロビングのレシーブを打たせる

攻撃のしかた

①サービス側の後衛が、センターへサービスを打つ。
②レシーバーが、ストレートへロビングでレシーブしてくる。
③サービス側の前衛は、ロビングを追いかけて下がり、スマッシュで攻撃する。

作戦の考え方

一般的にセンターのサービスは、クロスへ角度をつけた返球がしづらく、ストレートへロビングで逃げる(前衛を避ける)レシーブが多い。
▶ 前衛が、追ってスマッシュで攻撃！

サービスのコースによって、レシーブできるコースはある程度の予想が立てられます。つまり、相手のレシーブを読んで（あるいは誘導して）、前衛が攻撃していくことができるのです。

前衛が動きやすいように、どのコースへ打つか、ペアで確認しておき、スムーズな攻撃をしかけていきましょう。

まず、基本的なサービスからの攻撃パターンを4つ押さえておきましょう。

パターン.3

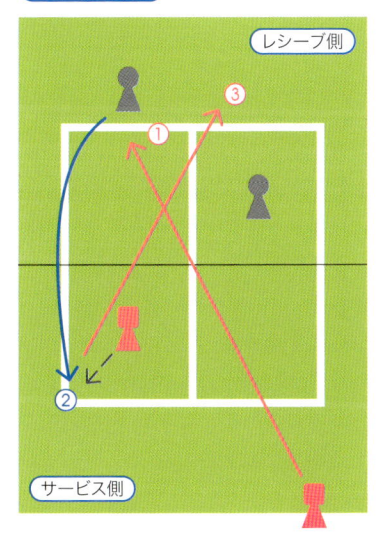

カットサービスから甘いレシーブを打たせる

攻撃のしかた
①サービス側の後衛が、カットサービスを打つ。
②レシーバーはシュートボールでレシーブを打てないため、短く山なりのレシーブを上げてくる。
③サービス側の前衛は、相手の山なりの甘い返球をスマッシュで攻撃する。

作戦の考え方
カットサービスはバウンドが低く、直線的な速いシュートボールでの返球はしづらいため、多くは山なりで短めのレシーブになる。
▶すかさず前衛がスマッシュで攻撃！

パターン.4

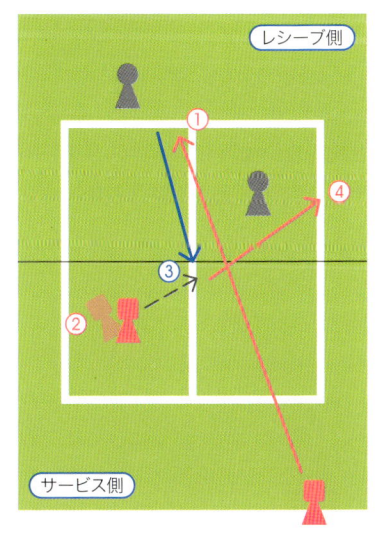

センターへのサービスからクロスへレシーブを打たせる

攻撃のしかた
①クロスサイドで、サービス側の後衛が、センターへサービスを打つ。
②サービス側の前衛は、レシーバーがテークバックをしたときに、ストレート側に上半身を傾けて、ストレートを守るふりをする。
③レシーバーはクロスへレシーブしてくる。
④サービス側の前衛は、ポーチボレーで攻撃。

作戦の考え方
相手がいないほうにレシーブすることが多い。
▶前衛はストレートを守っているふりでレシーバーをだまし、ポーチボレーで攻撃！

▶ Lv.6 試合に勝つための戦術&メンタル

レシーブからの攻撃パターン

最初のレシーブからコースをねらって攻撃しよう

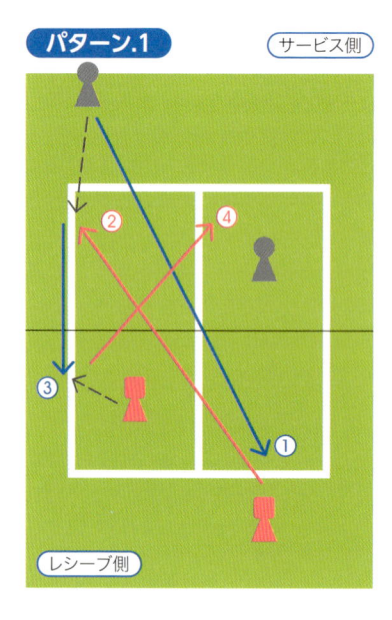

パターン.1 （サービス側）

角度をつけたレシーブで サーバーを前に引き出す

攻撃のしかた
① サービス側の後衛が、クロスサイドにサービスを打ってくる。
② レシーブ側の後衛は、クロスに角度をつけて（＝ショートクロス）レシーブする。
③ サーバーの後衛が、前に詰めてストレートへ返球してくる。
④ レシーブ側の前衛は、ストレートを守りにいってボレーで攻撃。

作戦の考え方
角度のついた短めのボールで前に引き出されたサーバーは、相手後衛に返すと攻撃されるため、ストレートに打って相手前衛を攻めてくることが多い。▶前衛がボレーで攻撃！

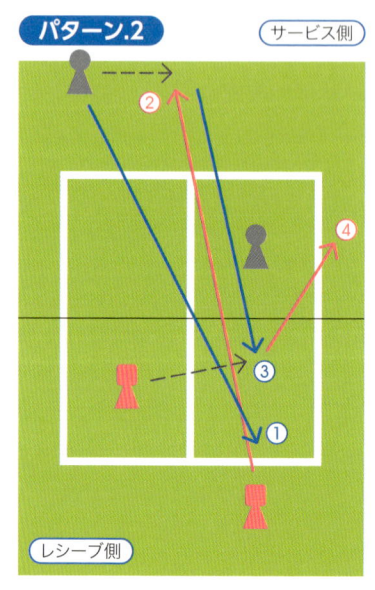

（レシーブ側）

パターン.2 （サービス側）

センターへのレシーブで サーバーのバックをねらう

攻撃のしかた
① サービス側の後衛が、クロスサイドにサービスを打ってくる。
② レシーブ側の後衛は、センターへレシーブする。
③ サーバーの後衛がセンターへ移動し、クロスへ返球してくる。
④ レシーブ側の前衛はポジションをセンターにとり、クロスへポーチボレーにいき、攻撃。

作戦の考え方
サーバーが右利きの場合、センターに打たれると、走らないとボールに間に合わない。さらにシュートボールであれば、サーバーは回り込む余裕がなく、バックハンドで打つことになり、引っ張れないため、相手後衛の前に打ってくることが多い。
▶前衛がポーチボレーに出て攻撃！

（レシーブ側）

レシーブを返す際に最も大事なのは、相手を少しでも動かして打たせることです。つまり、レシーブを相手の定位置には返さないようにしましょう。

ここでは、「サーバーの後衛を走らせる」「センターを攻める」「相手前衛の正面に強く打つ（ぶつける）」といった攻撃パターンを押さえましょう。

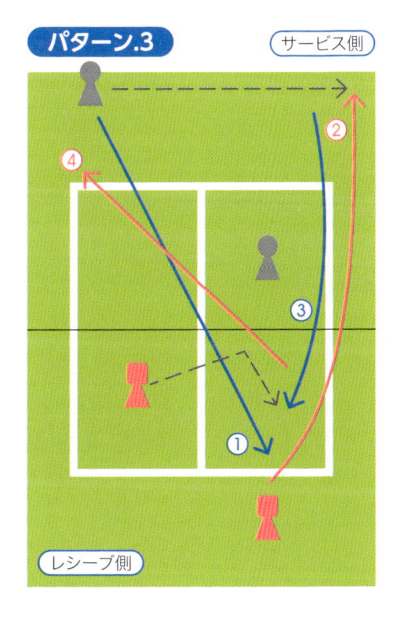

ストレートへのロブレシーブでサーバーを走らせる

攻撃のしかた
① サービス側の後衛が、クロスサイドにサービスを打ってくる。
② レシーブ側の後衛は、ストレートへロビングでレシーブする。
③ サーバーの後衛が逆クロスへ移動し甘い返球。
④ 甘い返球をレシーブ側の前衛はポジションをセンターにとり、スマッシュして攻撃。

作戦の考え方
走らされて返球する場合、相手後衛のほうへ返すことが多い。さらに走らせているだけに、甘い球になりやすい。▶前衛がスマッシュして攻撃！後衛は、相手を走らせるためにも、コーナーをねらって深いロブレシーブを打っていこう。

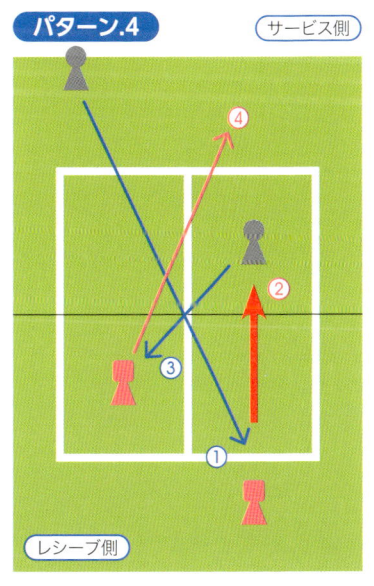

アタックレシーブからしかけていく

攻撃のしかた
① サービス側の後衛が、クロスサイドにサービスを打ってくる。
② レシーブ側の後衛が相手前衛に向けて強く速いレシーブ（＝アタックレシーブ）を打つ。
③ サービス側の前衛はボレーしてくる。
④ レシーブ側はボレーをフォローし、さらなる攻撃をたたみかける（中ロブやサイドライン際を攻めるなど）。

作戦の考え方
アタックレシーブをサービス側の前衛がボレーできず、ミスをすることもある。ボレーできたとしても、それをフォローされるとスキが生まれやすい。▶一瞬でも相手前衛がひるむところをたたみかけて前衛が攻撃。

Lv.6 試合に勝つための戦術&メンタル

後衛の役割の基本
相手を崩して配球する後衛に必要なことを知ろう

後衛は相手のスキをつくる

　後衛、前衛と役割を分けて攻守を行っていく雁行陣では、**後衛が相手を崩す配球をして、相手のスキを生み、チャンスをつくります**。そうすることで前衛が動きやすくなり、2人で1本のポイントを取ることができます。

　後衛は、コートを守ろうとする相手前衛に読まれないようにしながら、攻撃のための配球をしなくてはならないので、いかに相手をだますかが大切になっていきます。そのため、**同じフォーム、同じ打点から、様々なコースと高さ、長短を打ち分けていく、技術の「ポケット」が必要**です。

　ポケットをたくさん持つようになれば、どんな場面でも攻めのボールが打てるようになり、相手前衛は簡単に動けなくなるでしょう。またゲームを自分たちのペースで戦うことができるようになり、試合前にいくつもの作戦を立てることもできるようになります。

　ぜひ、多くのポケットを持った後衛になり、前衛を生かした配球でポイントを取れるようになりましょう。

CHECK 後衛のポケット

☑ **自分にどのポケットがあるかチェックして、足りないポケットを増やそう！**

【シュートボール（レシーブ）】
☐ スピードボールが打て、スピードに変化をつけることができる
☐ コースの打ち分けができる
☐ 高低の打ち分けができる
☐ 長短の打ち分けができる
☐ タイミングの変化、ライジングが打てる

【ロビング（レシーブ）】
☐ 攻守のロブが打ち分けられる
☐ コースの打ち分けができる
☐ タイミングの変化、ライジングでロブが打てる

【サービス】
☐ コースの打ち分けができる
☐ スピードボールが打て、スピードに変化をつけることができる

POINT

　選手によって得意なポケットには違いがあるので、誰もが同じポケットを使えるわけではありません。また、相手によってもポケットの使い方は変わります。自分のポケットを増やしながら、使い分けて戦えるようにしていきましょう。

後衛のポケットを増やす4つのポイント

Point.1
「打ち分けの基礎」フットワーク力
常に同じ高さの打点で打つために、早くボールの落下点に寄っていくための素早い動きが必要。相手後衛を観察して、どこにどんなボールがくるかコースを予測し、そこにできるだけ早く移動できるようになろう。そのうえで、相手コートのスキ（守りが甘く、空いている場所）を見つけ、ボールを打ち込んでいく。

Point.2
相手をだますコースの打ち分け
相手前衛に打つコースを読まれて、簡単にボールを取られないようにしたい。たとえば、クロスに打つふりをして、ストレートに打てるようになれば、相手をだますことができる。まずは、クロス、逆クロス、左右ストレートを自在に打てるようになろう。そのうえで、同じフォームから打ち分けられるようにしていこう。

シュートかロブか、コースが読めない……

常に同じ打点、フォームからコース、高さ、長短を打ち分けて相手前衛をだまそう！

Point.3
「攻めの幅を広げる」高さの打ち分け
攻めの幅を広げるために必要。シュートボール、ロビングを同じ打点、同じフォームから打ち分けられるようにしよう。たとえば、トップ打ちのシュートボールと見せかけて高い打点で構え、相手前衛をネット前に誘い、中ロブでかわすこともできる。そこで相手後衛に返球されても、チャンスボールになりやすいので、自分のペアの前衛が得点することもでき、ポケットが増える。

Point.4
「相手を走らせる」長・短の打ち分け
相手を前後に走らせるために必要。カットストロークでネット前に落とすのも1つの攻撃だが、通常のストロークでも長短を打ち分けられるようになるとよりよい。なぜならラケット面が上を向くカットストロークに比べ、相手に読まれにくいからだ。長短のボールの打ち分けでの攻撃は1本で決まる確率は低いが、その後の波状攻撃のきっかけ（相手のスキをつくる）になる。

▶ Lv.6 試合に勝つための戦術&メンタル

攻撃のための後衛の配球

後衛は相手と駆け引きして勝つ配球をしよう

相手コートにスキをつくるための配球

　後衛は自分の前衛にチャンスボールが上がるように配球することが一番の仕事といえます。

　相手の陣形を崩し、チャンスボールを打たせるには、相手コートにスキ（守りが甘く、空いている場所）をつくることです。後衛は、そのための配球を考えて、相手前衛に取られずに、ラリーを続けていきます。

　そのためには、まず相手後衛をコート外へ出すことが有効です。そこからスキをつき、相手のセンターを攻撃していきます。また、反対に、相手コートのサイドにスキをつくりたければ、まずはセンターにボールを集め、センターを意識させてから、サイドを攻撃していきます。このように、自分が攻めたいコースを攻めるために、まずはその逆へとボールを打ってスキをつくり、最後の攻めへと布石を打っていきましょう。

相手コートにスキをつくる配球で、チャンスボールを上げさせよう！

後衛の基本的な攻め方の考え方

❶ 相手コートのスキを見つける。
❷ スキがなければ、スキができるようなボールを打つ。
❸ 1本でスキができなければ、2本、3本と配球を考え、相手コートにスキをつくる。
❹ そのスキに攻めのボールを打ち込む。

●相手コートのセンターにスキをつくる
▶相手後衛をコート外に押し出す

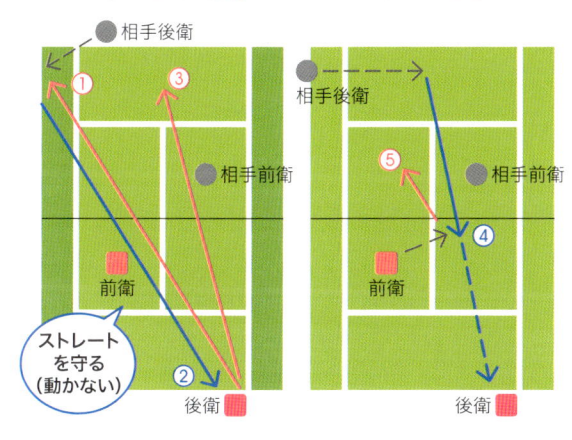

スキのつくり方の例

① 自分（後衛）は、アレーコートにボールを打って、相手後衛をコート外に押し出す。
② 自分の前衛がストレートを守り、相手後衛にクロスに打たせる。
③ 自分（後衛）はセンターへ攻撃。
④ 相手後衛は一般的にフォアに回り込むため、再度、自分（後衛）の前に返球しがちになる。
⑤ 自分の前衛は後衛前に返してくる相手後衛のボールを止めにいく（ポーチボレー）チャンスがくる。

レベルアップの コツ
バック側を攻める

相手後衛のバック側を攻める場合は、クロス展開なら、ストレートへのロビングを打っていきます。より厳しく攻めるためには、アレーコートに打ち、相手後衛をコート外に押し出すことでより長い距離を走らせることができます。このようにアレーコートに打てるようになると攻撃力がグンとアップします。

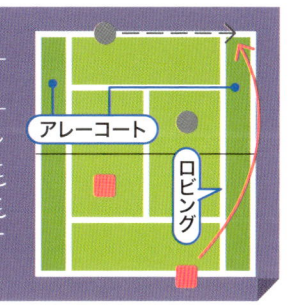

ゲーム前半は逆の攻めをする

さらに前衛を崩してスキをつくらせるためには、試合の前半に前衛を攻めておくこともポイントです。前半は逆のコースを攻めて警戒させ、自分が攻めたいコースにはこないと油断させておくのです。これは見せ球作戦ともいえます。下のように考えていけば、後衛の配球は数多く考えられます。

見せ球の例

❶ 相手前衛に対してサイドを抜いたり、アタック（選手に向かって打つ）をすることで、相手前衛はネットについてストレートを警戒する。
　▶センターや高さのあるボールで攻めやすくなる。
❷ センターや高さのあるボールで攻めておけば、相手前衛はストレートの警戒をゆるめる。
　▶サイドやアタックが通りやすくなる。
❸ 2～3本のシュートを打ち1本ロビングを混ぜ、再度シュートで攻める。
　▶相手に的を絞らせずに戦える。

Lv.6 試合に勝つための戦術＆メンタル

後衛の攻めのポイント
後衛は試合の中で自分ができているか確認しよう

❶ 打ちたいコースに打てる
相手との打ち合いで負けては、攻めにならない。相手に打ち負けることなく、自分の打ちたいコースにボールを打っていく。まずはしっかりとコースをねらえるようになろう。

❷ 深いロビングが打てる
ベースライン1m以内の範囲に、深いロビングを打つことができれば、相手は攻めづらい。反対に、短いロビングを打ってしまうと、相手にチャンスボールを上げてしまうことになるので注意。

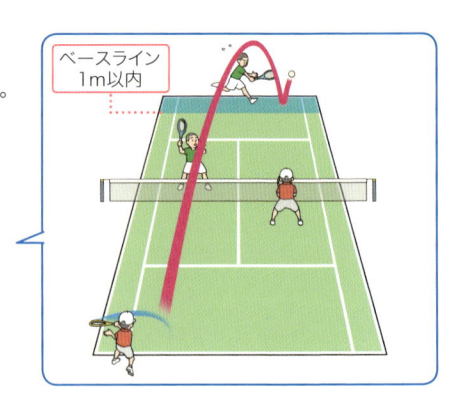

❸ コースの打ち分けができる
同じフォーム、同じ打点から打ち分ける。シュートと見せかけて、ロビングでかわすなど、いかにコースや球種を相手に読まれずに打つことができるかが大切。駆け引きを面白いと感じられるようになろう。

❹ 長短の打ち分けができる
カットストロークだけではなく、サイドストロークなどでも同じフォーム、同じ打点から長短を打ち分けられるようにして、相手を前後に揺さぶろう。

❺ 高い打点でトップ打ちができる
前衛を攻めるポイント。一般的に前衛は、相手の後衛に高い打点で構えられると、強く速い球でアタックされるか、サイドを抜かれるのではないかと思い、ネットに詰めて動けなくなる。

❻ ライジングが打てる
ラリーのリズムを変化させ、相手のミスを誘うためには非常に有効。ライジングは、一般的なストロークよりも速いタイミングで打球するためリズムを変えやすい。

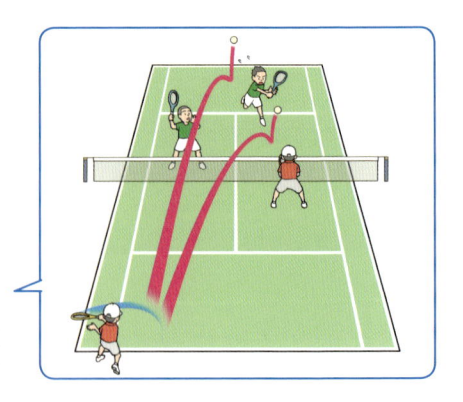

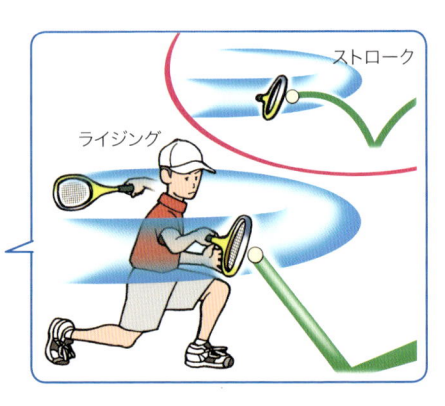

2人で1本を取るとき、直接ポイントになるボールを打っていくのは前衛が多くなりますが、後衛がしっかりと攻めなければポイントを取るのは難しいでしょう。この項目で挙げるような、後衛の攻めに必要なポイントを押さえて実戦でも試し、強い後衛を目指してください。

❼前衛を攻めることができる
サイド、センター、アタックと、相手前衛を攻めるコースに打てるようにしよう。相手前衛の動きを止めたいときなどに効果的。

❽後衛を動かすことができる
ショートボールやロビングはアレーコートに打って、相手後衛を定位置で打たせないようにしよう。相手は動かされると、甘いボールを返球したり、ミスをしたりしやすくなる。

❾自分の前衛を使うことができる
相手後衛の左足をねらって打ち、前衛に攻めてもらう。相手後衛は左足辺りに打たれると、回り込んでフォアで後衛前に返球することが多いため、そのボールを前衛がねらっていく。

❿相手前衛に対してけん制することができる
テークバックをし、軸足にためをつくるとき、利き手の反対側の肩を内側に入れる。すると相手前衛はクロス（逆クロス）か、ストレートに打つのか、わかりにくくなる。

⓫最後に攻めるボールを残しておくことができる
後半で、自分の得意なボールで攻撃できるように、前半はその逆のボールを見せておこう。最初から自分の得意ショットやコースで攻撃してしまうと、相手は前半からそのショットやコースを警戒し、試合後半には攻めるところがなくなってしまうので注意。

⓬1人でもポイントできる
1対2でも勝てる配球をしよう。たとえば、相手がロビングを打ってきて、自分が走らされても、相手を揺さぶり返すような配球だ。そのためには甘いボールをしっかりと見極めて攻撃しよう。

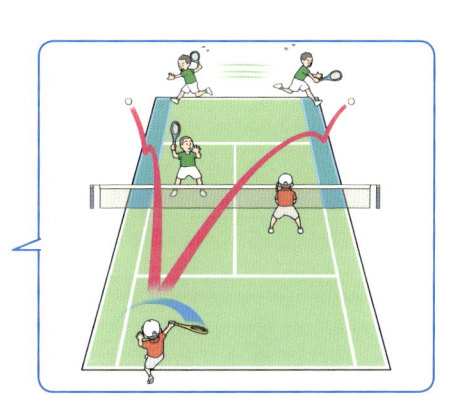

▶ Lv.6 試合に勝つための戦術&メンタル

前衛の役割の基本
相手にプレッシャーを与えるポジションどりをしよう

戦うためのポケットを増やそう

　前衛と後衛、どちらも攻めるスキがないと相手に思わせれば、有利に試合を進めることができます。

　前衛もまた戦うためのポケット（技術の幅）を増やしていくことが大切です。

　特に前衛は、**的確に素早くポジションどりをすることで、相手の打つコースを狭める**という役目があり、このポケットは特に重要です。これができなければ、いくらボレー、スマッシュを打つ技術があったとしても、そのショットを打つ場面を生み出せません。

　たとえば、「取りにいかない」と見せかけて相手に打たせたボールを取りにいく、「誘いの動き」で相手をだます、というような駆け引きのポケットも大切です。

　前衛は、ポジションどりをしっかりと身につけていきましょう。

CHECK 前衛のポケット

☑ 自分にどのポケットがあるかチェックして、足りないポケットを増やそう！

☐ 正確かつ早くポジションどりができる
☐ 取りにいかないように見せて打たせたボールを取りにいく、「誘いの動き」ができる
☐ ポーチボレーができる
☐ 深いスマッシュが打てる
☐ 一歩で取れる（正確なポジションをとり、甘い球は仕留める）
☐ 相手の心理が読める
☐ 勘と感と観が鋭い（3つのカン）

レベルアップの コツ
3つのカン

前衛は、ポジションどりで、相手後衛の打つコースの幅を狭めたり、相手をだます動きでミスを誘うことができる。しかし、ネット前で相手からの返球をとらえるため、**後衛よりも動きを考える時間が短い**。そこで重要になるのが、3つのカン（勘・感・観）だ。前衛は日頃から練習の中で意識しておこう。後衛も意識しておけると、なおよい。

「ヤマ勘」の「勘」の字の意味。短い時間で判断するとき、一か八かで動くことも大切になる。

感　勘　観

「このコースにボールを打ってきそうだ」と感じ取る、「感」の字の意味。

前のカウントでのプレー、相手ペアのバランス、相手の心理、また天候などを観察する「観」の意味。

ポジションどりに大切なこと

ポジションを正確にとるということは、相手後衛に前衛の存在を常に感じさせ、**「前衛にボールを取られるのではないか」とプレッシャーを与える**ことです。たとえば、後衛がそのプレッシャーに耐えられず、ゲーム前半に前衛サイドに向けて攻めてきた場合、そのボールを止めてしまえば、相手はもう何もできなくなります。前衛が役割を果たしたといえるでしょう。ただし、反対に、そのボールを通させてしまうと相手を有利にさせてしまいます。

力のある相手後衛は、前衛の動きを察知し、力量を見極め、「弱い」と感じたら、自由自在に攻めてくるので、前衛は簡単には動けなくなります。

基本的にゲーム前半は、相手に「ボールを取りに出てくるのか」「後衛のいない側のスペースを守るのか」などと思わせるように、今にも動き出すようなプレッシャーをかけつつも、動かない作戦がよいでしょう。

ただし、**相手の動きを見ながら、1歩で取れるボールは常にねらい、「誘いの動き」で相手にしかける**ことも忘れないでください。

そして、動かずに蓄えたエネルギーを2-2、ゲームポイントなどの大事な場面で爆発させましょう。

相手にプレッシャーを与える

常に前衛の存在を意識させる！

相手後衛の動きを見る

相手がクロスへ打ってくる……！

相手がストレートへ打ってくる……！

アドバイス！

「負けて、抜かれて、ミスをして経験」

前衛は動かなければ仕事にならない。そのため、<u>何本でもいいのでポーチに出て、動いて経験することが重要になる。</u>覚えた戦術も試さなければ、意味がないのだ。何本もの失敗を積み重ね、ボールの取り方や相手との駆け引きを学んでいこう。指導する側の人は、試合の勝ち負けにこだわらず、選手が試すことを大事にしてほしい。

▶ Lv.6 試合に勝つための戦術&メンタル

前衛のポジション
相手の打点の位置によってポジションを変えよう

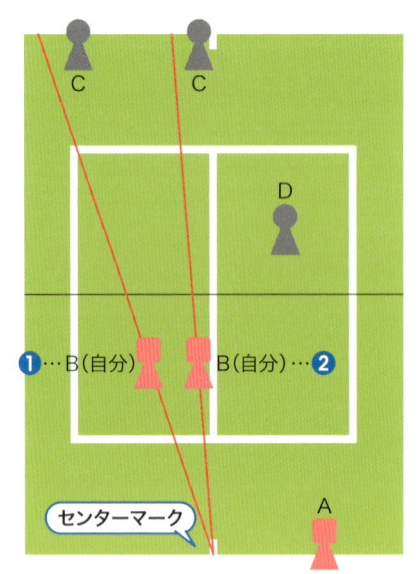

クロスのポジション

自分のペアの後衛Aと相手後衛Cがクロスでラリーをしている展開。

正確なポジション

パターン❶：Aがクロスに絞った、角度あるボールを打ち、Cがコートの外側から打ってくるような場合は、自分はサイドライン寄りにポジションをとる。

パターン❷：Cがセンター寄りからクロスへ打ってくる場合は、自分はセンター寄りにポジションをとる。

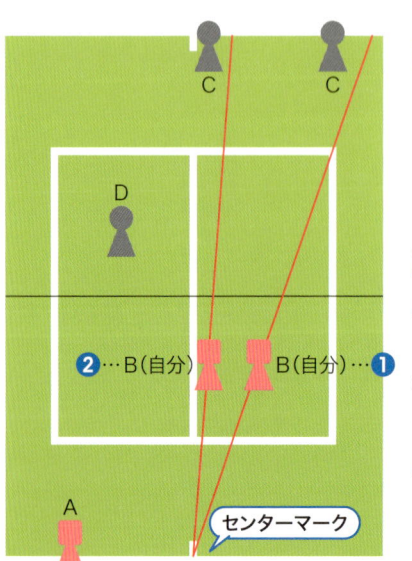

逆クロスのポジション

自分のペアの後衛Aと相手後衛Cが逆クロスでラリーをしている展開。

正確なポジション

パターン❶：Aが逆クロスに絞った、角度あるボールを打ち、Cがコートの外側から打ってくるような場合は、自分はサイドライン寄りにポジションをとる。

パターン❷：Cがセンター寄りから逆クロスへ打ってくる場合は、自分はセンター寄りにポジションをとる。

前衛のポジションは、打球者の打点と自分のコートのセンターマークを結んだ線上に立つのが、一般的な基準です。この基準で、自分のペアの後衛と半分ずつのスペースを守ります。

　打球者の打点によって変わるため、その都度、前衛のポジションは変わります。1球ごとにポジションを正確に素早くとれるようにしましょう。ポジションを間違えると、相手の打てるコースが広がり、自分の後衛が苦しくなります。これが試合の勝敗を分けます。

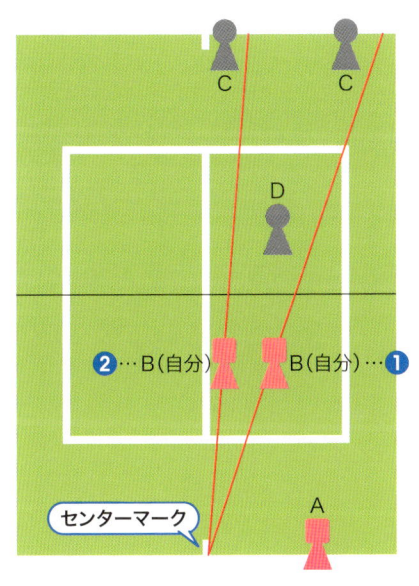

右ストレートのポジション

自分のペアの後衛Aと相手後衛Cが右ストレートでラリーをしている展開。

正確なポジション

パターン❶：Aがサイドラインギリギリにボールを打ち、Cがコートの外側から打ってくるような場合は、自分は1歩サイドライン寄りにポジションをとる。

パターン❷：Cがセンター寄りからストレートへ打ってくる場合は、自分はセンター寄りにポジションをとる。

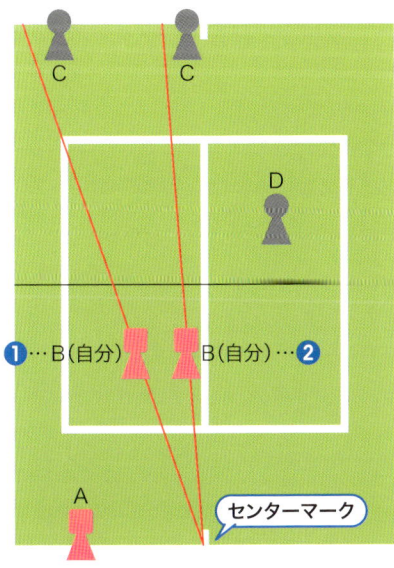

左ストレートのポジション

自分のペアの後衛Aと相手後衛Cが左ストレートでラリーをしている展開。

正確なポジション

パターン❶：Aがサイドラインギリギリにボールを打ち、Cがコートの外側から打ってくるような場合は、自分は1歩サイドライン寄りにポジションをとる。

パターン❷：Cがセンター寄りからストレートへ打ってくる場合は、自分はセンター寄りにポジションをとる。

Lv.6 試合に勝つための戦術&メンタル

前衛の動きのポイント
ラリーで前衛がボールを取りに出る場面を覚えよう

❶ 相手のストロークミスが続いたとき
相手後衛は、ミスが続くと弱気になり、自分の後衛がいるコースへ返球してくる傾向にある。そのコースをねらって前衛はポーチボレーにいこう。特に、相手が自分（前衛）への攻撃に失敗していたらチャンス。

❷ ポーチボレーでポイントした後
ポイントされた相手後衛は「もう前衛に取られたくない」と考える。そこで、誘いの動きをしてみよう。たとえば、クロス展開でわざとクロスを取りに行くふりをして空いたストレートへ誘う。そこをポーチボレーにいこう。

❸ 引っ張りコースと流しコース
自分の後衛が深いボールを打った場合、相手はボールの勢いに押されて、流しコースに返球しがち。反対に、自分の後衛が短めのボールを打った場合、相手はやや前傾体勢になってボールを打つため、引っ張りコースに返球しがち。そこをねらってポーチボレーにいく。

❹ 自分側のレシーブミス後
自分側のミスがあれば、相手はそこをさらに攻めようとして、相手自身が得意なコースをねらおうと考える。その心理を突いて、相手の得意なコースにねらいを定め、ボールを取りに動く。

❻ 相手が動かされた直後のボール
自分の後衛の配球により、相手後衛が動いて打ってくる場合、コースが甘くなる確率が高い。前衛は、そのボールをねらってボレーにいく。

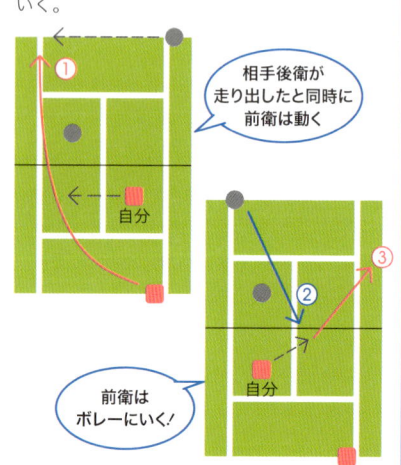

相手後衛が走り出したと同時に前衛は動く

前衛はボレーにいく！

❺ 相手コートにセンターのボールが入ったとき
相手後衛は自分の後衛の元へ返球してくる傾向にあるので、前衛はそのボールを取りに動く。具体的には、自分の後衛がセンターに打った場合や、相手後衛が回り込んでフォアで打ち返す、または回り込めずにバックで打ち返してくる場合。

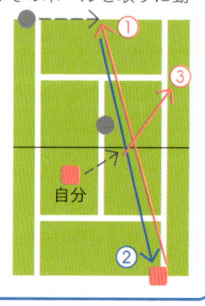

ゲームの中では、攻めるとき、守るときがあり、前衛がすべてのボールを取りに動くことはありません。では、どのようなときに前衛が動き、相手のボールを取りにいくのでしょうか。

前衛が動くポイントは、相手の心理状態、相手の打つ体勢、カウント（得点）などを目安にします。このページで挙げる場面を参考に、ラリーの中で攻めの動きを実戦していきましょう。

❼ 相手後衛が打点を落としたとき

相手後衛が打点を落として打つ場合は、<u>引っ張りの方向へ打ちやすくなる</u>。そのため、相手後衛が打点を落としたら、相手の引っ張りのコースをねらって動く。

❽ 自分たちがゲームポイントを取ったとき

自分たちがゲームポイントを取ったなら、<u>積極的に動いていこう</u>。前衛は、堂々とポーチボレーにいく。

❾ 2ポイントリードされたとき

2ポイントリードされているとき（カウント0-2や1-3）。次に1ポイント奪われたら、0-3なら取り返すのが厳しくなり、1-4となってしまえば、そのゲームは失ってしまう。<u>動かずにいるよりは、積極的に攻めの姿勢</u>を見せて動いていこう。

❿ 2ゲームリードされたとき

2ポイントリードされたときと同様で「2の法則」ともいえる。何も動かず、ゲームカウント0-3、または1-4になるよりも、<u>積極的に攻めの姿勢を見せて動いたほうが</u>、取り返すきっかけを生み出せる。

⓫ 自分たちが風上のクロス、逆クロスのとき

自分たちが風上にいて、自分の後衛がクロス（または逆クロス）からボールを打っていくと長いボールとなる。<u>相手後衛は、勢いに押され、しっかりと体重移動できずに甘い返球となる</u>。そこをねらって前衛は甘いボールを取りにいく。

⓬ 相手がコース変更しやすいとき

<u>自分の後衛が短めのボールを打ったとき、相手後衛はコース変更してきやすい</u>。前衛は相手後衛がコース変更してくるボールをねらいにいく。

- 自分の後衛が右ストレート展開からラインギリギリに短めのボールを打ったとき
  ▶ 相手後衛は、逆クロスを攻めてくる
- 逆クロス展開から自分の後衛が角度のついた短めのボールを打ったとき
  ▶ 相手後衛は、右ストレートを攻めてくる

※相手後衛が左利きの場合は、左ストレート、クロス展開となり、同様にコース変更しやすくなる。

▶ Lv.6 試合に勝つための戦術&メンタル

ソフトテニスのセオリー

セオリーを知り、相手のプレーを予測をしよう

セオリー❶ ストローク時のグリップ
▶ 相手の打ち方や得意なコースを見極める

ウエスタングリップ

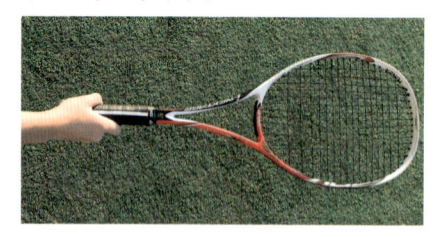

- 高い打点で打ちやすい
  （▶トップ打ちに注意）
- 高い打点のときはクロスよりも逆クロスが打ちやすい
  （▶逆クロスに注意）
- クロスよりストレートに打ちやすい
  （▶ストレートに注意）
- ねらった方向よりも右側に飛びやすい（ラケット面が右を向きやすいため）
- ボールが短く、低い打点が打ちにくい
- バックハンドで引っ張り方向に打ちにくい
  （▶面が向く流し方向を守っていく、など）

セミイースタングリップ

- 高い打点が打ちにくい
  （▶カットストロークなどに注意）
- クロスが打ちやすい
  （▶クロスに注意）
- ストレートからクロスに打ちやすい
  （ラケット面が左に向くため）
- ボールを身体に引きつけて打てる
  （▶引っ張りコースに注意）
- バックハンドで流し方向に打ちにくい
  （▶引っ張り方向を守っていく、など）

セオリー❷ 相手ペアの特徴
▶ 後衛主体か、前衛主体かで戦い方を変える

【後衛主体の相手ペア】

相手後衛がリードし、前衛を攻めてくるなどして、相手後衛自身がポイントを取りにくる。相手前衛は守りが中心。
▶相手前衛を攻める

ターゲットは相手前衛!

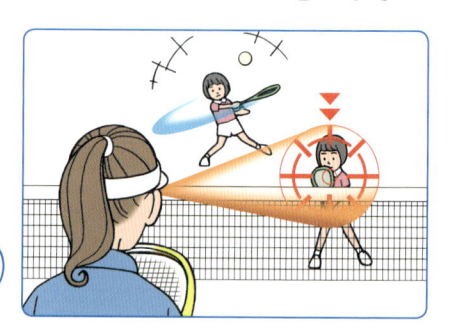

試合では、相手のプレーを予測して動き、打っていくことが大切になります。最も高い確率で相手が打ってくるコースや球種を読むためのセオリーや、グリップの使い分けのセオリーなどを覚えて、ムダのない、効率のよいプレーをしていきましょう。

【前衛主体の相手ペア】
相手前衛がリードし、ボレーやスマッシュなどで、相手前衛がポイントを取りにくる。相手後衛はラリーをつなぐことが中心。
▶ 相手後衛を攻める

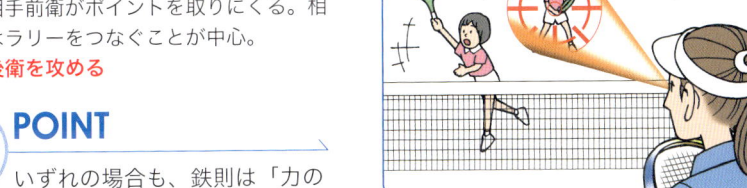

> ターゲットは相手後衛！

POINT
いずれの場合も、鉄則は「力のない、弱いほうを攻める」こと。ただし、早い段階で攻めてしまうと、相手がその攻撃に慣れてしまい、後半、自分たちが苦しくなります。ゲームの流れを大切にし、ポイントできるところで攻めるようにしましょう。

セオリー❸ 個人の特徴
▶ 後衛、前衛それぞれの特徴を観察

相手の得意なプレーをさせず、弱点を攻めるために、下の項目を目安にして試合の序盤に相手の特徴をチェックしておこう。

【相手前衛】
☐ ネットプレーの得意、不得意（ボレー、スマッシュ、ローボレー）
　▶ 決め球は何か
☐ 攻撃的か、守備的か
　▶ 前衛と後衛どちらを攻めるか
☐ 精神力／性格
　▶ 強気か弱気か

【相手後衛】
☐ ボールのスピード（シュートボール、ロビング）
　▶ 走って追いつけるか
☐ フォア、バックの得意、不得意
　▶ 攻める方向の確認
☐ 足の速さ
　▶ 相手にボールを取られるのかどうか
☐ 精神力／性格
　▶ 強気か弱気か

▶ Lv.6 試合に勝つための戦術&メンタル

セオリー ❹ 心理的な要素
▶ 強気のとき、弱気のときを見分ける

　何もせずに相手に強気に攻められ続け、それで負けてしまうことが一番面白くない試合です。

　強気になっているペアに対し、単純なラリーをしていても、相手に攻められ続けてしまうため、強気な選手が弱気になるときを探します。つまり、相手自身のミスが続いたときです。したがって、相手のミスを誘うようなプレーをしていきましょう。たとえば、後衛を動かして打たせたり、リズムを変えたり、ボールに変化を持たせることが大切です。また、レシーブミスを誘うサービスが打てればさらによいでしょう。

　相手が強気のとき、弱気のときを見分けながら、相手の心理を読み、ゲームをしていきましょう。

強気な後衛
- ラケットを振りきり、攻めてくる

対処法：後衛はミスを誘う配球、前衛はポーチに出て相手の打球コースに入って邪魔をしよう。

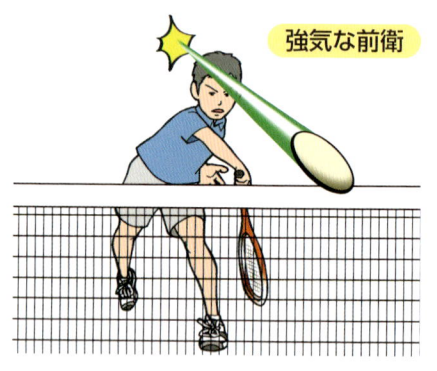

強気な前衛
- ポーチボレーやスマッシュで得点しにくる

対処法：サイドを抜いたり、センターを攻めることで相手に警戒心を植えつけていこう。

弱気な後衛
- 打点が下がり、ラケットを振りきれなくなる
- 攻めのボールがなくなる

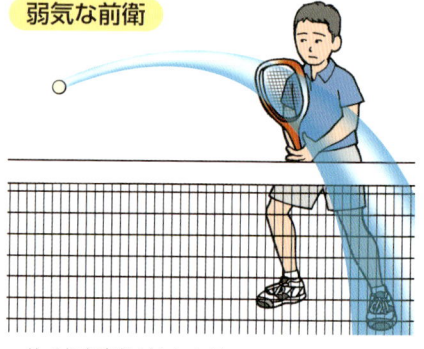

弱気な前衛
- サイドを守りがちになる
- 攻撃的な動きがなくなる

セオリー ❺ 攻めと守り ▶ 攻守の場面を理解する

　試合中、ミスが続くとき、その原因のほとんどは強引な攻めによるミスです。反対に攻めるべきところを攻めずに負けてしまうこともあります。後者は、記録できるミスではないので、なぜ負けたのかを自覚できないことも多いです。しかし、これらは試合の流れを変える、やってはいけないミスです。

　しっかりと覚えておいてほしいのが、「両ペアが攻めになることはありえない」ということです。どちらかが攻めれば、どちらかが守りになります。それを間違えると、ミスが増えてしまうのです。そのため、攻守の切り替えをはっきりさせてミスを減らし、効率よくポイントを重ねていきましょう。

やりがちな ミス & 対処のコツ

後衛の攻守の切替ミス
相手の深いボールを無理に打ち込んでミスをしたり、前衛に取られたりしてしまう。

→ **相手後衛前につなぐ**
▶ 無理に打ち込まず、つなぎのロビングがベースライン1m以内に打てれば、攻めに転じることができる。

前衛の攻守の切替ミス
自分の後衛のボールが短いときに、ポーチボレーにいき、抜かれてしまう。

→ **攻め、守りをしっかり理解する**
▶ 左記の場合は本来、守りの場面。

【攻めの場面】
- ファーストサービスが入ったとき
- 深いボールが打てたとき
- 相手のボールが短いとき
- 相手を動かしたとき

【守りの場面】
- セカンドサービスを打つとき
- 短いボールを打ったとき
- 相手のボールが深いとき
- 相手に動かされたとき

相手のボールが、短いときは攻め、長いときは守りになる。しっかりと切り替えよう。

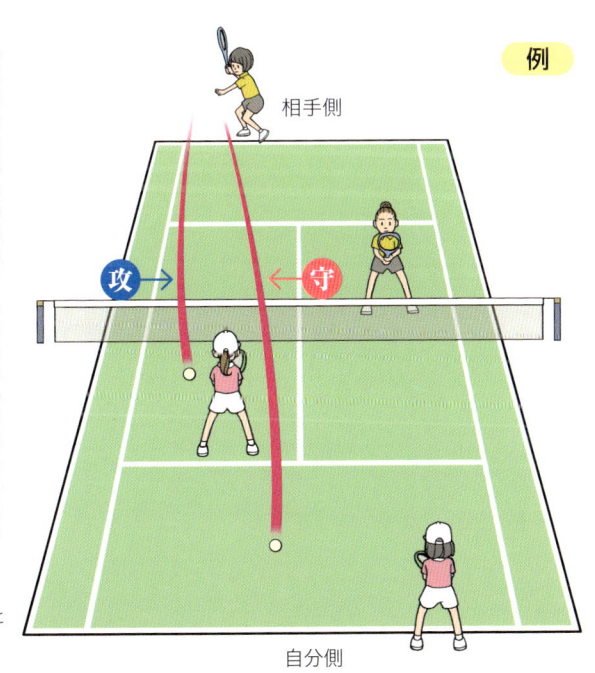

例

相手側

攻 → ← 守

自分側

> Lv.6 試合に勝つための戦術＆メンタル

ゲームの戦い方のセオリー

セオリーを知って、ゲーム展開を有利に運ぼう

ゲームの入り方

前衛：**ポジションどりを早くし**、わざとコースを空けて、相手に打たせ、ボールを取るための動きをしよう。正しいポジションを相手に印象づけ、慌てて動くことがないようにしたい。ただし、相手が後衛主体のペアで、速いシュートボールが打てる選手の場合、自由に打たせなくするために1本目からポーチボレーに動く作戦もある。

後衛：ラリーをつなぐだけではなく、**ラケットをしっかりと振りきるプレー**でゲームに入ること。しっかりと振りきって攻める気持ちでゲームに入っていかないと、大事な場面で打ち込みづらくなるので注意。もしロビングが得意でも、**シュートボールを打ってゲームに入る**ほうがゲームの流れがよくなる。

> 前衛はポジションどりで相手を惑わしていこう！

ゲームの終盤

前衛：**甘いボールは全部とるくらいの気持ち**を持っていこう。また、相手後衛の打てるコースがはっきりしてくるので、ねらうボールを選んで動くようにする。ゲームの終盤に動ける前衛は強いといえるだろう。

後衛：終盤のミスが敗因に直結するため、連続ミスをしないようにしよう。ただし、ミスを恐れて、攻めの気持ちを失った、相手後衛の前につなぐようなラリーはNG。ミスをせずに、**しっかりラケットを振りきる力**を身につけよう。

相手との駆け引きによりポイントを取り合うソフトテニス。ゲームに勝っていても、試合運びがうまくいかず、負けることもあります。反対に、負けていても、自分たちに流れを戻して勝つこともあります。

ゲームの序盤（入り方）、中盤、終盤でのゲームへの取り組み方で、気をつけておきたいポイントを押さえて、勝利を勝ち取りましょう。

ゲームの中盤

前衛：積極的に相手のボールを追いにいこう。1本のポーチボレー、スマッシュでゲームが変わることがある。

後衛：相手ペアの特徴もわかってくるので、攻めの配球をしていこう。ただし、誰が見てもわかるような簡単なミスはペアとしての流れも悪くするので注意。特に、前衛を攻めるときは、ネット、サイドアウトは絶対にしてはいけない。

POINT

試合で最も大切なカウントは、ゲームカウント2オールで2-2のときです。このポイントのサービス、レシーブが勝敗の分かれ道になります。もちろん、1ゲームごとのカウント2-2も大切です。

> 前衛は
> ボールを追って
> スマッシュなどで
> 攻撃していこう！

> 後衛は
> しっかり
> ラケットを
> 振りきって
> いこう！

アドバイス！
サインプレーをしてみよう

レシーブやサービスのコースを事前にペアに伝えておくと、2人でコンビネーションよく動いてポイントをつかむことができる。そのために、帽子をさわる、指の本数などでサイン（例：チョキはストレート、パーはコーナー深くなど）を決めておき、サインプレーをしていくとよい。これは選手と指導者との間でも同じことがいえる。

▶ Lv.6 試合に勝つための戦術&メンタル

ミスをしないために
多く得点するよりミスをなくし、相手に勝とう

ミスの数で勝負が決まる

　得点競技であるソフトテニスは、ミスの数が勝負を決めるといっても過言ではありません。どのようなレベルの選手たちでも、ミスの少ないペアが勝ち、ミスの多いペアは負けてしまいます。つまり、ミスをしたら勝てないのです。

　ポイントを多く取っていくよりも、難しいボールは徹底的につなぎ、粘り強く戦って相手のミスを誘うことができるほうがよいといえます。相手のミスを誘うプレーを考え、ミスなく攻撃できるようになりましょう。

　ミスの原因の8割は、次のボールへの準備の遅れです。次の6つが、その遅れの原因です。
①フットワークの遅れ
②ラケットの構えの遅れ
③テークバックと軸足設定の遅れ
④打点の遅れ
⑤決断の遅れ（状況判断の遅れ）
⑥気後れ（ためらってしまう）

　これらの遅れをなくすことで、飛躍的にミスは減っていくでしょう。
　また、下に挙げるような意識を持って練習していくことが大切です。

練習で意識すること
①ミスに対して厳しくなること。「1本ぐらい、いいや」ではだめ
②得意なことを意識すること。ミスが出るプレーは得意とはいえない
③すべての準備を早くすること
④身体の軸をブレさせないこと。どのプレーでも身体の軸が崩れるとミスにつながる
⑤「絶対にミスをしない」という思いの強さと、いちずに取り組むひたむきさが必要

次は1本もミスしない！

負けないテニスをする

　自分のできること、できないことをはっきり自覚し、試合ではできることで戦い、できないことをしようとしてミスをするような危険なプレーはしないこと。それが負けないテニスです。

　下のリストを使って、自分がミスするところはどこなのか、日頃から確認するようにしましょう。

自分でチェックしたり、他の選手にもチェックしてもらって、記録を取るようにしよう。

✅ ミスを見つけるためのチェックポイント

前衛&後衛に共通すること

- ☐ 試合のどの場面でミスしているか？
- ☐ ポイントを取ったとき、失ったときのプレーは何か？
- ☐ ファースト・セカンドサービスの種類は何か？　そのスピード、成功確率はどれくらいか？
- ☐ 左右の動きと前後の動き、どちらが速くて、どちらが遅い（ミス）のか？
- ☐ 自分のゲームポイント、相手のゲームポイントで何をするか、しっかりと判断できているか？
- ☐ プレッシャーがかかったとき（ミスしやすいとき）、自分はどんな状態になるのか？

後衛

- ☐ どのショットが得意か？（フォアハンドかバックハンドかも確認）
- ☐ フォアの流しと引っ張り、どちらが得意でどちらにミスが多いか？
- ☐ バックハンドは安定しているか、攻撃されるとミスが出るか？
- ☐ バックハンドは流しが得意か、引っ張りが得意か？

前衛

- ☐ どのショット（フォアボレー／バックボレー／スマッシュ）が得意か？
- ☐ ローボレーをミスしていないか？
- ☐ レシーブミスをしていないか？
- ☐ バックハンドは安定しているか？攻撃されるとミスが出るか？
- ☐ バックは流しが得意か、引っ張りが得意か？
- ☐ ポーチボレーが得意なのか、誘いのボレーが得意なのか？

練習中などに他の選手にもチェックしてもらおう！

▶ Lv.6 試合に勝つための戦術&メンタル

メンタルで負けないために
ベストな技術を発揮する「心」をつくろう

●メンタルコントロール ▶ 無心になる練習

メンタルトレーニングには様々な方法がありますが、ここでは試合中に大切な無心になるための練習をやってみましょう。試合中、無心になれないと、「ミスをしたらどうしよう」と弱気になったり、「あと1本で勝てる」と思ったときに、つい喜んでしまってスキが生まれたりするなど、よいプレーができません。

無心になるためのコツの1つに、腹式呼吸があります。腹式呼吸は、深呼吸をするときに、お腹をふくらませて息を吸い、お腹をへこませながら息を吐くようにすると、簡単にできます。日頃から、練習の前にやるようにして、いつでもできるようにしておけると心強いでしょう。

腹式呼吸でメンタルトレーニング

①腹式呼吸

10秒間目をつぶり、腹式呼吸をする。できたら、回数を減らし、何回で無心になれるのか数える。何回目でできたのか、記憶して不安な場面や大事な場面で使えるようにしよう。

②暗示呼吸

自分の最高のプレーをイメージしながら、10秒間目をつぶり、腹式呼吸。プラス思考で戦おう。それでもだめなら、サービスやレシーブのコースを考え、どのように攻めるのかだけをイメージして腹式呼吸。

技術があっても、試合で負けることがあります。ミスが続いたときに落ち込んだり、ピンチのときに緊張したりと心で負けてしまうからです。

どれほど技術力が高くとも、冷静かつ前向きにプレーできなければ意味がありません。ぜひ、強い心を持ってプレーできるように、メンタル力も高めていきましょう。

アドバイス！
文大杉並流　必勝ノート

文大杉並高では、モチベーションを高めるツールとして様々なノートを活用している。個人で書いている「練習ノート」はもちろんのこと、「リベンジノート」やメッセージファイルなどを部員で回してお互いの思いや考えを書き記している。モチベーションを高めるために、言葉の力は絶大だ。また、日頃の練習での反省点、気づいたことを書き留めることで、調子のよいときの自分、調子の悪いときの自分を知ることができる。このようにノートの活用が個人の成長やチームの団結力を生み出す要因になっている。

びっしりと書き込まれた練習ノート。自分自身を知るために大いに役立つ。

■ **練習ノート**

個人個人の工夫が見られ、特に心に留めておきたいことは言葉を短く、目立つようする。さらに、コート図を用いて、いつ見返してもわかりやすいように図解も多用している。

■ **リベンジノート**

全国大会で敗れた後、リベンジするために、部員の率直な思いや反省を書いて、皆で思いを共有。チームの結束力を高めるのに大いに役立ったという。

校内の練習試合の合間も、ペアで話し合いながら、ノートに書き込むことも。

▶ **Lv.6 試合に勝つための戦術&メンタル**

試合直前の準備について
試合の前にしておくべきことをチェックしよう

❶ 心の状態も良好に ▶ 心の準備が勝負を決める

　リラックスしすぎても、集中力を欠いてしまうので、ほどよい緊張感を持って臨めるようにしましょう。「素晴らしい戦いをしよう」といった心の高まりを維持することが重要です。

　また、試合前日までの生活の中で不安なことがあると、試合本番まで不安を引きずってしまいます。それではベストなパフォーマンスはできません。そのためにも、技術だけではなく、身体の状態はもちろんのこと、心の状態も良好にしておくようにしましょう。苦しい試合でも笑顔でプレーしていけることが大切です。

> チームの
> かけ声も
> 元気よく！

> 文大杉並高では、チーム全員が同じ気持ちで戦えるように「文大ナンバーワン！」などのキャッチフレーズを全員で大きな声で叫ぶ。

> 試合前に
> みんなで
> 精神統一

雑念なく戦うために、目を閉じて無心の状態をつくる。また、試合中のカウントの間でも、気持ちをリセットしたいときには、目を閉じて無心の状態をつくり、集中力を高めることは効果的。

試合に向けて、様々な準備が必要です。やり忘れたことはないのか、試合の前にしておくべきことをチェックしていきましょう。準備し忘れて、試合に集中できなかったということがないよう、試合に臨むための準備をしっかり行います。

心構えと必要なグッズ、ウォーミングアップなど、試合前に準備しておく大事なことを3つ挙げておきます。

❷ 持ち物を確認 ▶ 簡単なミスにつながる

持ち物を忘れるときは、プレーにもミスが出やすくなります。前日に、「必勝グッズ」を準備しておきましょう。

また、夏の炎天下の中で戦うのがわかっているのに、帽子や水分などを用意できていなかったら、試合中の身体の調子を整えられずに勝てる試合も勝てなくなってしまいます。

✓試合に必要な必勝グッズ　試合当日に忘れ物がないかチェックしよう。

- □ 水分（スポーツ飲料）
- □ エネルギー食品（ゼリー飲料など）
- □ 予備のラケット
- □ テーピング
- □ ソックス
- □ スペアシューズ
- □ 消炎剤（スプレータイプや湿布など）
- □ グリップテープ
- □ くつひも
- □ 帽子
- □ スポーツタオル
- □ リストバンド
- □ アイスパック（特に夏場）
- □ 着替え用シャツ
- □ テニスノート

❸ ウォーミングアップ ▶ 試合開始から100%の力を発揮

試合当日の準備として大切なのが「ウォーミングアップ」です。いきなり試合はできません。身体を温め、下半身、股関節、肩周辺、と全身を動かしていくために、ストレッチから始め、軽くランニング、そして、ペッパー、ラダー（→198ページ）などを行います。また、スペースがあればペアとボレー＆ボレーやサービス練習などを行い、ボールタッチの感覚も調整しておきましょう。

コートに入る前にしっかりとウォーミングアップをして、試合開始から100％集中し、100％の力を発揮して戦えるようにしましょう。

■ ペッパーのやり方

2人1組で3mぐらい離れて向かい合い、球出し者が手投げで出したボールをノーバウンドで練習者がつかんですぐさま返す。これを繰り返す。

▶ Lv.6 試合に勝つための戦術＆メンタル

フィジカルトレーニング（ラダー）
試合前に下半身や股関節の動きをよくしよう

Menu.01 ラダートレーニング① ▶ 体幹を鍛え、実戦でも安定感あるフットワークで移動

CHECK 股関節から曲げるように。足は高く上げると、筋肉がより刺激される

身体が前後、左右に揺れることなく、身体の軸がブレないように気をつけよう。腰の高さを高くし、重心を常に一定の高さにキープしてステップしていく。

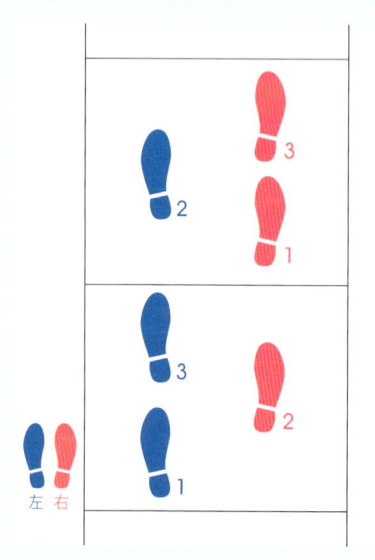

やり方　人数：1人以上

❶ 左の図のように、左右の足を交互に上げながら、ステップしていく。
❷ 1マスで3ステップ行うため、狭いスペースで足を股関節から小刻みに動かす。

CHECK 実戦を踏まえ、ラケットを持った状態で身体の左右のバランスをとりながら行おう。

POINT
細かく速くステップすることで、フットワークを確実なものにしていきましょう。自分の打点に入るうえでとても大切です。

| 練習のねらい | フットワークが命とされるテニス競技で、下半身や股関節の筋肉の収縮をさせるために非常に有効なトレーニングで、試合前のウォーミングアップにも効果的です。身体の上下動や左右の揺れなく、常に背筋を伸ばした状態でステップしていくようにすると効果が高まります。 |

Menu.02 ラダートレーニング② ▶ 体幹を鍛え、ボレー時に崩れた体勢を瞬時に立て直せる

常に目線は前を見据える

両足同時にジャンプするため、身体の前後の揺れが激しいが、腰の位置は常に高い位置でキープすることで上下動なくステップすることができる。

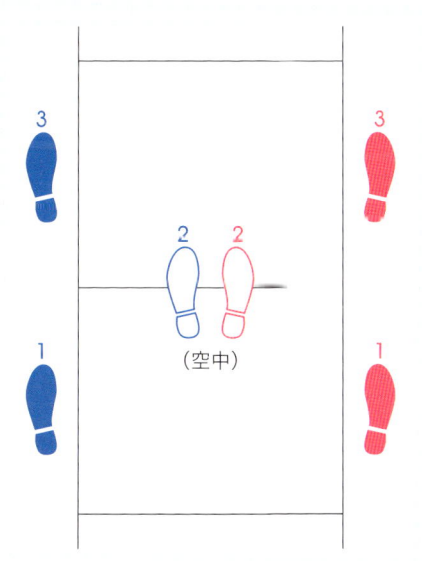

やり方　人数：1人以上

❶ 左の図のように、両足同時にジャンプし、マスの外⇒中にステップしながら前進する。
❷ 前かがみになったり、下を向いたりしないように注意する。また、常に全身をリラックスさせること。全身に力を入れてしまうと筋肉の動きをさまたげてしまうので注意。

POINT

常に待球姿勢と同じように、パワーポジションに入っていることを意識してジャンプしていきましょう。

付録 ▶ ルールと用語

試合の流れ
ゲームの進め方を知っておこう

❶試合前に整列し、あいさつをする

試合前に両ペアがサービスラインの外側中央に立ち、ネットに向かって整列。正審の「集合」の合図でネット前に集まり、あいさつをする。

❷サービス、レシーブを決めるトスを行う

両ペアの一方の選手がジャンケンをする。
▶負けた側は、ラケットの公認マーク（→12ページ）を相手に示して、ラケットを立てて回す。
▶勝った側は、ラケットの動きが止まる前に、「表」（ラケットの公認マークがあるほう）か「裏」かを言う。言い当てればサービスもしくはレシーブ、またはコートサイドを選べる。外れると、負けた側が決める。

❸試合前の乱打

トスを終えたらお互いのサイドに分かれ、クロス、逆クロスに分かれて相手と乱打をする。練習時間は通常1分以内。

❹試合開始

正審の「レディ」のコールで乱打を止めて、試合開始時のポジションにつく。そして、正審が「サービスサイド●●（所属）■■/■■（ペアの名前）、レシーブサイド●●（所属）■■/■■（ペアの名前）」→「プレーボール」とコールし、試合がスタートする。

❺試合終了

正審が「ゲームセット」とコールする。

❻試合終了後のあいさつ

正審は審判台を降り、プレーヤー、アンパイヤー（副審など）ともにネット中央に集まり、正審が「▲対▲で、■■/■■（ペアの名前）の勝ち」とコールし、プレーヤー、アンパイヤーがあいさつをして終了する。

CHECK サービスとサイドチェンジの基本

サービスはゲームごとに交替する。また、奇数ゲームの終了後にサイドチェンジ（自分のコートから相手コートへ移動）する。

【1ゲーム目】
Aペア：サービス
Bペア：レシーブ
〜サイドチェンジ〜
【2ゲーム目】
Aペア：レシーブ
Bペア：サービス
【3ゲーム目】
Aペア：サービス
Bペア：レシーブ
〜サイドチェンジ〜
　　　：

> マッチは5ゲーム、7ゲームなどの奇数で行われる

審判の基本とサイン
大会で審判をするときのために知っておこう

正審　基本的に、正審は審判台の上で他のアンパイヤーと連携をとりながら試合を進行する。同時に、採点票の記録をする役割もある。

副審　副審はサービスの判定時にサービスが入った場合は、レシーブ側のサービスラインの延長上からコート中央まで移動。さらに、はっきりとした身振りで判定しなければならない。

副審の判定サイン

フォールト

ファーストサービスのとき→指を2本立てる

レット

セカンドサービスのとき→指を1本立てる

アウト　タイム　ノーカウント

● **フォールト**

サービスの判定時、基本姿勢は腰を低くして、レシーブ側の足を前に出し、前に出したレシーブ側の手をひざの上に置く。その状態から、サービスがフォールトした場合はボールの落下点を見て、レシーブ側の手をひじから直角に曲げて上げる。指はまっすぐに伸ばす。

● **レット**

サービスがネットに当たってサービスエリアに入った場合、副審は片手を上へと上げ「レット」とコールする（サービスをやり直す）。

● **アウト**

ボールの落下点のほうを向き、指を伸ばして外側の手をまっすぐ上へ上げる。

● **タイム**

正審のほうに手のひらを向けて両手を上げて、「タイム」とコールする。

● **ノーカウント**

正審にノーカウントを伝える際、両手を顔の前で交差させながら振り、「ノーカウント」とコールする。

● **失ポイント（その他の判定）**

片手で失ポイントにあたるプレーヤーを指し、コールする（例：ネットタッチならば、ネットタッチしたプレーヤーを片手で指して、「ネットタッチ」とコール）。

知っておきたいルール用語

試合で役立つ主なルール用語をチェックしておこう

【ア行】

アウト
打球がコート外のアウトコートにバウンドした場合、あるいは審判台、アンパイヤーに直接当たった場合のこと（＝失点）。

アウトコート
プレーが支障なく行われるためのコート周辺のスペースのこと。ベースラインから後ろに8m、サイドラインから外側に6m以上は原則として必要。

アドバンテージ
デュース後、サーバー側もしくはレシーバー側が1ポイント加点すること。アドバンテージサーバー（レシーバー）とコールする。続けてもう1ポイント取ればゲームカウントに加点される。

イン
プレー中にボールがライン内、またはラインに触れてバウンド（オンザライン）すること。なお、たとえばプレー中にボールがネットやネットポストに当たっても、相手のコートに正しく入れば、プレーは続けられる。

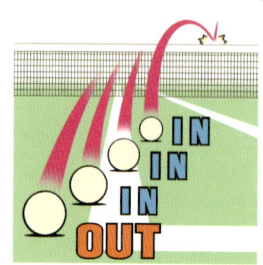

インターフェアー
プレーの妨害とみなされる反則行為のこと（＝失点）。
①有効なサービスがツーバウンドする前に、ボールがレシーバーのパートナーのラケット、あるいは身体やウエアに触れた場合。
②レシーブが終わる前に、レシーバーのパートナーがサービスコートに触れた場合。
③ラケット、あるいは身体やウエアが相手コート、相手のラケット、相手の身体・ウエアに触れた場合。
④手から離れたラケットで返球した場合。
⑤明らかな打球妨害があった場合。

【カ行】

キャリー
ラケット上でボールが静止すること（＝失点）。

警告
明らかに競技規則に違反したと認められる場合のこと。正審はプレーヤーに対し、イエローカードを提示する。1、2回目はイエローカード、3回目はレッドカード（失格）。

ゲーム
試合のこと。試合のセットを構成する単位。たとえば、「7ゲームマッチ」と使う。

コレクション
訂正のこと。正審がコールまたはカウントを誤ったときに訂正するためのコール。

【サ行】

スルー
ボールがネットの下、ネットとネットポストの間、ネットの破れ目を通った場合のこと（＝失点）。

【タ行】

タイム
プレーヤーが身体上の支障を生じ、プレーが継続できなくなった場合、正審の許可により、タイムをとる場合のコール。もしくは正審がタイムを必要と認めた場合のコール。

ダイレクト
①サービスされたボールがノーバウンドでレシーバーの身体やウェア、ラケットに触れた場合（レシーバー側の失点）。
②アウトボールがノーバウンドでラケットに当たった場合（当たった側の失点）。ただし、打ち返したボールが有効打になれば、プレーは続けられる。

タッチ
プレー中、ラケットや身体、ウエアなどが審判台やアンパイヤーに触れること（＝失点）。

ダブルフォールト
ファーストサービス、セカンドサービスともにフォールトになること（＝失点）。

チェンジサービス
相手とサービスを交替する場合のコール。

チェンジサイズ
奇数ゲームの終了ごとに、サイド、サービスを相手と交替する場合のコール。ファイナルゲームでは、2ポイントごとに相手ペアとサービスのチェンジをする。また、最初の2ポイントとそれ以後の4ポイントごとにサイドチェンジが行われる。

チップ
ボールがラケットのフレームに触れて返球できない場合のこと（＝失点）。

ツーバウンズ
2回以上バウンドしたボールを打ち返した場合のこと（＝失点）。

デュース
ポイントが3－3以降、並行カウント（同点）になる場合のこと。

ドリブル
ラケットにボールが2度以上当たること（プレー中は失点。サービス時はフォールト）。

【ナ行】

ネットオーバー
プレー中、ラケットまたは身体、ウエアなどの一部でもネットを越えてしまうこと（＝失点）。ただし、打球後の勢いでラケットが越えた場合、インターフェアーとならない場合は失点ではない。

ネットタッチ
プレー中、ラケットまたは身体、ウエアなどがネット、ネットポストに触れた場合のこと（＝失点）。

ノーカウント
アンパイヤーが判定を誤ったため、プレーに支障が生じた場合や、突発的な事故によってプレーが妨害された場合、そのポイントをやり直すこと。

【ハ行】

ファイナルゲーム
たとえば7ゲームマッチを行った際、ゲームカウントが3－3になり、最後のゲームであることを示すコール。

フォールト
サービスが入れるべきスペースに入らなかった場合のコール。同時に、そのサービスは無効となる。

フットフォールト
サービスが完了する前に、サーバーがどちらかの足でベースラインを踏んだり、コート内に入ってしまう反則のこと（サービスは無効）。

ボディタッチ
プレー中、ボールが身体またはウェアに触れた場合のこと（＝失点）。

【マ行】

マッチポイント
試合の勝敗を決める最後の得点のこと。

【ラ行】

レット
ボールがネットに触れてからサービスエリアに入ったなど、レットの規則に該当した場合、そのサービスをやり直すときのコール。

ローテーションチェンジ
パートナーと交替することが命じられるコール。またはサービスの順番が誤っていることを告げるコールのこと。

付録 ▶ ルールと用語

ソフトテニスの基本用語
上達を早めるために、基本の用語を知っておこう

【ア行】

アタック
相手めがけて強いボールを打つこと。

アレーコート
ダブルスのときのコートの両端（サイドラインからサービスサイドラインの間）のスペースのこと（→114ページ）。

アンダーストローク
相手が打ってきたボールを、ひざよりも低い打点で打ち返すストロークのこと（→40ページ）。

イースタングリップ
ラケットのグリップ部分を握ったときに、ラケット面と地面が垂直になる握り方のこと（→16ページ）。

インドア（全天候型）コート
屋内にあるコートのこと。天候にかかわらず、プレーができる。

インパクト
ボールがラケットのガット面に当たる瞬間のこと（→31ページ）。

ウエスタングリップ
ラケットを握ったとき、ラケット面と地面が平行になる握り方のこと（→16ページ）。

オーバーヘッドサービス
頭の上の高いところでボールを打つサービスのこと（→124ページ）。

オープンスペース
コートのうち、プレーヤーがいない空間のこと（→85ページ）。

【カ行】

カット
カットストロークのこと。ボールの下側にラケット面を斜めに当てて、回転をかけること（→54ページ）。

ガット
ボールを打つ面に張られたひものこと（→12ページ）。

逆クロス
コートの左側から、向かって右側の相手コートへ向けて打つコースのこと（→34ページ）。

グラウンドストローク
コートにワンバウンドしたボールを打つストロークのこと（詳しくはLv.2を参照）。

グリップ
ラケットの下側にある、プレーヤーがラケットを持つときに握る部分。また、その握り方のこと（→12、14、16ページ）。

クロス
コートの右側から、向かって左側の相手コートへ向けて打つコースのこと（→34ページ）。

クロスステップ
両足を交差しながら移動する足の動きのこと（→23ページ）。

後衛
主にベースライン付近でプレーを行う選手のこと（→166ページ）。

コース
プレーヤーが打ったボールが飛んでいく方向のこと。

コートサーフェス
コートの表面のこと。土のコートであるクレーコートや砂入り人工芝のコートなどの種類がある（→11ページ）。

コントロール
ボールの飛ばす方向を調整すること。

【サ行】

サービス
ラリーを始めるときの1球目のショットのこと（詳しくはLv.4を参照）。サーブともいう。また、サービスを打つ人のことをサーバーという。

サイドストローク
コート面と平行に打つストロークのこと。また、ひざから腰辺りの打点で打ち返すストロークのこと（→38ページ）。

軸足
ボールを打つときに、自分の身体を軸のように支えるほうの足のこと（→20ページ）。

ジャンピングスマッシュ
ジャンプして打つスマッシュのこと（→106ページ）。

シュートボール
コート面と平行に直線的に飛んでいく、速いボールのこと（→35ページ）。

ショット
ボールを打つこと。

スイング
ボールを打つときにラケットを振ること。

スタンス
構えているとき、打球時に左右の脚が開くこと。または脚の開き方（→20ページ）。

ストレート
テニスコートのサイドラインと平行に打つコースのこと（→34ページ）。

ストローク
ボールを打つときのラケットの振りのこと。

スプリットステップ
待球姿勢からの動き出しをスムーズにする動作のこと（→22ページ）。

スマッシュ
飛んできたボールをノーバウンドでとらえ、頭の上から強く打ち込むこと（詳しくはLv.3を参照）。

スライス
ボールの下側にラケット面を斜めに当てたときのボールの回転のこと（→31ページ）。

スライスサービス
ラケット面をボールの外側斜め上に当て、右回転をかけるサービスのこと（→130ページ）。

セカンドサービス
ファーストサービスをミスし、2回目に行うサービスのこと。

セミイースタングリップ
ラケットを握ったとき、地面に対してラケット面が45度くらい斜めになる握り方のこと（→17ページ）。

前衛
主にネット付近でプレーを行う選手のこと（→166ページ）。

【タ行】

待球姿勢
相手が打つボールを待っているときの姿勢のこと（→18ページ）。

打点
ラケットの面とボールが当たる位置のこと（→34ページ）。

中ロブ
ネット前についた相手前衛が腕を伸ばしても取れるか取れないかくらい（ロビングより低い）の高さで、速さはロビングとシュートボールの間くらいで打つ、攻撃的なロビングのこと（→35、52ページ）。

テークバック
ラケットを後ろに引く動作のこと。バックスイングともいう（→30ページ）。

トス
サービスを打つときに利き腕の逆側の手でボールを投げ、上げること。また、試合前に、サイドまたはコートを決めるためにラケットを回すこと（→126、200ページ）。

トップストローク
肩くらいの高い打点で打つストロークのこと。トップ打ちともいう（→42ページ）。

ドライブ
インパクトからラケットを上に振り抜くことでボールに自然な回転がかかる。順回転ともいう（→31ページ）。

【ナ行】

流し
自分の身体の右側の方向へボールを打つこと（→34ページ）。

ネットプレー
相手が打ったボールをノーバウンドで打ち返すプレー（ボレーやスマッシュなど）のこと。

【ハ行】

ハイボレー
肩より高いボールを打ち返すボレーのこと（→94ページ）。

バック側
利き腕が右ならば、テニスコートのセンターラインよりも左側のこと（利き腕が左のときは、右側がバック側となる）。

付録 ▶ ルールと用語

バックハンド
利き腕の反対側で打つこと。バックともいう。利き腕が右のときは左がバックハンド。

パッシング
相手前衛のそばを威力のあるボールで抜いていくショット。またはその打球のこと。

ヒッティングボレー
ラケットをストロークのように振って打つボレーのこと。スイングボレーともいう（→98ページ）。

引っ張り
自分の身体の左側の方向にボールを打つこと（→34ページ）。

ファーストサービス
1回目のサービスのこと。

フォア側
利き腕が右ならば、テニスコートのセンターラインよりも右側のこと（利き腕が左のときは、左側がフォア側となる）。

フォアハンド
利き腕側で打つこと。フォアともいう。

フォロー
相手の打った攻撃的なボールを返球すること。

フォロースルー
ボールを打った後に、ラケットを振り抜く動作のこと（→31ページ）。

フットワーク
コート内でプレーヤーがボールを打つために行う足の動きのこと。

踏み込み足
ボールを打つときに、踏み込むほうの足のこと（→20ページ）。

フラット
ラケット面に対して、ボールをまっすぐに当てること。

ベースライン
コートの両サイドにある、ネットと平行のラインのこと（→11ページ）。

ポーチ
ダブルスで、味方の後衛が打つべきボールを横取りするように、ネット前の前衛が打つプレーのこと（→84ページ）。

ポジション
プレーヤーがコート内で、待球姿勢のときに立つ位置のこと。

ボレー
相手のボールをノーバウンドで打つショットのこと（詳しくはLv.3を参照）。

【マ行】

回り込み
バック側にきたボールを動いてフォアハンドで打ち返すときのフットワークのこと（→24ページ）。

【ラ行】

ライジング
相手が打ってきたボールがバウンドし頂点に上がる前に、早いタイミングで打つストロークのこと（→44ページ）。

ラケットヘッド
ラケットの先端部分のこと（→12ページ）。

ラリー
相手とボールを打ち合うこと。

ランニングボレー
走りながら打ち返すボレーのこと。

リバースサービス
ラケット面をボールの内側斜め上に当て、左回転をかけるサービスのこと（→132ページ）。

レシーブ
相手のサービスを打ち返すこと（詳しくはLv.4を参照）。レシーブを打つ人のことをレシーバーという。

ローボレー
腰より低いボールを打ち返すボレーのこと（→90ページ）。

ロビング
山なりに飛んでいくボールを打つショットのこと（→35、50ページ）。ロブともいう。

<監修者紹介>

野口 英一（のぐち えいいち）

1950年東京都生まれ。東京学芸大学卒業。日野市立日野第二中学校教員時代は、男女ともにソフトテニス未経験者の指導にあたりながらも、都道府県対抗女子優勝（94年）、全国中学校大会男子団体優勝（99年）などの実績を挙げ、誰にでも日本一を取れるチャンスがあることを示す。2003年から文化学園大学杉並中学・高等学校のソフトテニス部監督を務める。人間的成長を土台にした指導法で高校での選手育成、チームづくりに取り組み、2016年には選抜、インターハイ、国体のすべてに優勝し、いわゆる「高校三冠」を達成するなど数々の栄光に導いている。現在、ナガセケンコーソフトテニス部監督。

<撮影協力>

文化学園大学杉並中学・高等学校の
ソフトテニス部のみなさん（写真上）

学校法人清明学園 清明学園中学校の
ソフトテニス部のみなさん（写真左）

STAFF

取材・執筆	八木陽子
写真撮影	井出秀人
イラスト	丸口洋平
本文デザイン・DTP	伊藤暢哉(GT BROS)
編集協力	PAQUET
編集担当	梅津愛美(ナツメ出版企画)

本書に関するお問い合わせは、書名・発行日・該当ページを明記の上、下記のいずれかの方法にてお送りください。電話でのお問い合わせはお受けしておりません。
・ナツメ社webサイトの問い合わせフォーム
　https://www.natsume.co.jp/contact
・FAX(03-3291-1305)
・郵送(下記、ナツメ出版企画株式会社宛て)
なお、回答までに日にちをいただく場合があります。正誤のお問い合わせ以外の書籍内容に関する解説・個別の相談は行っておりません。あらかじめご了承ください。

ソフトテニス
基本と勝てる戦術

2015年　7月30日　初版発行
2022年10月20日　第13刷発行

監修者　野口 英一
発行者　田村 正隆

Noguchi Eiichi, 2015

発行所　株式会社ナツメ社
　　　　東京都千代田区神田神保町1-52 ナツメ社ビル1F(〒101-0051)
　　　　電話 03(3291)1257(代表)　FAX 03(3291)5761
　　　　振替 00130-1-58661
制　作　ナツメ出版企画株式会社
　　　　東京都千代田区神田神保町1-52 ナツメ社ビル 3F(〒101-0051)
　　　　電話 03(3295)3921(代表)
印刷所　ラン印刷社

ISBN978-4-8163-5881-4　　　　　　　　　　　　　　Printed in Japan

〈定価はカバーに表示してあります〉
〈落丁・乱丁本はお取り替えします〉

本書の一部分または全部を著作権法で定められている範囲を超え、ナツメ出版企画株式会社に無断で複写、複製、転載、データファイル化することを禁じます。